Dr. med. Oskar Demmer
und Co-Autorin Mag. Claudia Millwisch

Impfen aus ganzheitlicher Sicht

Eine kritische Analyse zwischen Illusion und Wahrheit

novum  pro

Dieses Buch ist auch als
e-book
erhältlich.

w w w . n o v u m v e r l a g . c o m

© 2021 novum Verlag

ISBN 978-3-99107-051-1
Lektorat: Mag. Eva Reisinger
Umschlagfoto: Barbara Resl
Umschlaggestaltung, Layout & Satz:
novum Verlag
Innenabbildungen:
siehe Bildquellennachweis S. 239

Bibliografische Information
der Deutschen Nationalbibliothek:

Die Deutsche Nationalbibliothek
verzeichnet diese Publikation in
der Deutschen Nationalbibliografie.
Detaillierte bibliografische Daten
sind im Internet über
http://www.d-nb.de abrufbar.

Die vom Autor zur Verfügung
gestellten Abbildungen wurden in der
bestmöglichen Qualität gedruckt.

Gedruckt in der Europäischen Union
auf umweltfreundlichem, chlor- und
säurefrei gebleichtem Papier.

www.novumverlag.com

Gewidmet einem Freund und Lehrer, Dr. Hans Loibner, Mitbegründer von AEGIS Österreich (AEGIS – aktives eigenes gesundes Immunsystem), der sich viele Jahre mit dem Thema Impfen auseinandersetzte, doch weit darüber hinaus kompromisslos auf Wahrheitssuche war, der zum Nachdenken anregte und den schlimmsten Feind bekämpfte: die Unwissenheit. Er musste zu früh gehen. Die Liebe zum Leben, seine Arbeit, seine Werke leben weiter.

Inhaltsverzeichnis

„Alles Wissen ist vorläufig — und nur so lange richtig, bis es als falsch erwiesen wird. Und allein durch überaus genaue Beobachtung sind die Gesetzmäßigkeiten der Natur zu erforschen ... Es gibt kein Geschehnis in der Natur, auch nicht das einfachste, das von den Theoretikern jemals vollkommen verstanden werden wird."

Dialogo, Galilei Galileo[1]

Prolog

„Die Impf-Entscheidung gibt es nicht.
Entscheiden setzt Wissen voraus.
Wer weiß, impft nicht."

Dr. med. Fritz Roithinger

Impfung – Veredelung

IMPFEN – Das Wort kommt ursprünglich aus dem Landbau, wo ein kräftiger, wilder Stamm mit einem sogenannten Edelreis geimpft wird, damit ein edles Gewächs entsteht, Apfelbäume, Marillen, Rosenstöcke usw. usf.

Und eigentlich haben wir so einen Edelreis IN uns – manchmal nennt man es Freude – den schönen Götterfunken; Einstein sagt dazu Intuition, die göttliche Gabe, die Chinesen nennen es TAO, andere wieder anders. Was hindert uns, diese Impfung-von-innen, unsere Intuition also, zuzulassen????

Das vom Herzen erhellte,
das vom Herzen inspirierte Denken
führt zur Gesundung des Menschen.
Nach Seele und Körper.
Die Erinnerung daran
mag die einzige Impfung sein,
die wirklich nötig ist …

DIE Impfung, die eine Impfung –
Erinnerung an uns selbst,
an das Licht-in-uns,
das Geheimnis im Menschen.

13

Alle Kinder schreien, wenn es zum Impfen geht, alle Eltern, vor allem Mütter, haben ein ungutes Bauchgefühl. Ist es verwunderlich, dass immer weniger impfen gehen? Etwa die Hälfte der Menschen ist laut Umfragen zumindest impf-skeptisch.

Die Menschheit ist im Wandel, alles verändert sich, wir erleben so etwas wie eine – zumindest in unseren Ländern – friedliche Revolte. Eine Veränderung, eine Erneuerung des Bewusstseins. Die alten Autoritäten der Macht bröckeln schon lange, die Bewusstheit des Menschen nimmt in nahezu allen Bereichen des Lebens zu, Umwelt, nachhaltige Landwirtschaft, transparente Verwaltung, Energiehaushalt, Erziehung, Schulen, flacher werdende Hierarchien usw.

Macht lässt sich nur behaupten durch Angst, ausschließlich durch Angst. Und dabei gehört Angst zum vielleicht größten Unrecht, das der Mensch begehen kann. Ja, du hast richtig gelesen, da steht Unrecht. Es liegt auf der Hand, ohne Angst brechen die Herrschenden zusammen. Die Angst der Menschen ist die Nahrung der Macht, nährt die Mächtigen.

Nur ein einziges Mittel gibt es, die Angst aufzulösen: Achtsamkeit und Kenntnis; gemeint ist ausschließlich eine innere Kenntnis im Sinne der Einheit von Denken, Fühlen, Tun …

Die individuelle Aufhebung der kollektiven, fundamentalen Unwissenheit lässt die Schatten der Angst zerrinnen, sind dann plötzlich nicht mehr da …

Dr. med. Klaus Bielau
Ganzheitsmediziner, Autor, Homöopath
Graz, im Frühjahr 2020

Impfpflicht und ein Blick in die Vergangenheit – Plädoyer für ein friedliches Miteinander

von Mag. Claudia Millwisch

Kehren wir doch zu besseren Umgangsformen zurück!

Im Dezember 1948 wurde die Menschenrechtsdeklaration der Vereinten Nationen im Palais de Chaillot in Paris unterzeichnet. Diesem Ereignis waren die schrecklichen Jahre des Zweiten Weltkriegs von 1939 bis 1945 vorausgegangen, die Leid über die Menschen brachten. So etwas darf es niemals wieder geben. Das war das damalige einhellige Credo, als sich Gewinner und Verlierer an einen gemeinsamen Tisch setzten und beschlossen, den Weg für eine friedliche und respektvolle Zukunft zu ebnen. Es war der Aufbruch in eine Zeit, in der alle Menschen frei sein würden, weil sie gleich an Würde und Rechten geboren sind. Denn man erkannte, dass ein Überleben nur in einem respektvollen Miteinander möglich ist und alle vor dem Gesetz unabhängig von Geschlecht, Hautfarbe, Rasse, Sprach- oder Landeszugehörigkeit, sozialer oder finanzieller Stellung, sowie politischer, religiöser oder sonstiger Überzeugung gleich sind. Ein Aufbruch, der nicht zum ersten Mal in der Geschichte der Menschheit stattfand.

Ende des 19. Jahrhunderts forderten Epidemien viele Todesopfer, Kriege zerstörten ganze Landstriche, Wasserversorgung, Abwasserentsorgung und Hygiene waren mangelhaft. Krankheiten wüteten. Ärzte kämpften gegen die Bedrohungen an. Das war die Geburtsstunde der Forschungen von Rudolf Virchow, Robert Koch, Louis Pasteur, Jakob Henders, Joseph Lister, auf denen die Kenntnisse der heutigen Medizin noch immer beruhen. Es war die Geburtsstunde der Entdeckung und Einführung von Impfungen.

Von Anbeginn war das Thema Impfen auch von Impfschäden und Impfnebenwirkungen begleitet. Kaiserin Maria Theresia erkrankte an Pocken trotz Inokulation, der damaligen Impfmethode, bei der eine Eiterblase eines an Pocken erkrankten Menschen in einen zu Impfenden eingeritzt wurde. Ihre Töchter Gabriele, Maria Josepha erkrankten schwer, Maria Josepha verstarb nach der Impfung. Als nächstes sollte Marie Caroline geimpft werden, die sich aber weigerte geimpft zu werden, nachdem sie das leidvolle Ende ihrer Schwester gesehen hatte. Sie blieb gesund. Sie gebar 11 Kinder, darunter 2 Söhne, bei denen sie es nicht geschafft hatte die Pockenimpfung zu verhindern. Sie verlor beide durch die Impfung (*).

(*) Dr. Gerhard Buchwald, Impfen – das Geschäft mit der Angst, Seite 61

Von Anbeginn der Impfungen vor 250 Jahren gab es Befürworter und Zweifler. Von Anbeginn gab es auch politische Bestrebungen „Impfpflichten" einzuführen.

Immer schon haben Eltern beobachtet, dass Kinder Impfungen nicht vertragen.

Immer schon machten sich Eltern Gedanken, wie es denn sein kann, dass ihr Kind 6 und mehr Krankheitserreger hineingeimpft bekommt, wo doch die Natur sich mit nur einer Infektionskrankheit mit Symptomen und Fieber auseinander setzen muss.

Immer schon machten sich Eltern Gedanken über die Mär, dass Krankheiten in Form von Impfungen „in abgeschwächter Form" und zu einem vom Menschen kontrollierbaren und nicht von der Natur bestimmten Zeitpunkt geschähen.

Es herrscht noch immer ein Glaubenskrieg darüber, ob Impfungen sicher sind oder nicht.

Der Glaubenskrieg kann erst beendet werden, wenn
• die Aussage von Eltern vor Gericht ernst genommen wird und gleichwertig erachtet wird, wie jene der Impfgutachter aus dem Fachbereich der Medizin.

- Ärzte für die Impfberatung bezahlt werden und nicht für die Verabreichung der Impfungen.
- Medizinstudenten im Medizinstudium über alle Impfstoffe mit ihren Nebenwirkungen unterrichtet werden und darüber Prüfungen ablegen müssen.
- Mediziner ein Fach „Rechtsmedizin" besuchen und darüber eine Prüfung absolvieren müssen.
- die Erzeuger der Impfungen genauso wie jeder andere Erzeuger von Produkten für ihre Produkte haften müssen.

Jeder, jede, der, die sich impfen lassen möchte und sich dadurch sicherer fühlt, möge das tun und in seiner Entscheidung respektiert und akzeptiert sein.

Jeder, jede, der, die sich informiert hat und sich vor Krankheiten ohne Impfungen sicherer fühlt, möge darin respektiert und akzeptiert werden.

Jeder, jede, dessen, deren Recht bedroht ist, hat das Recht dafür zu kämpfen und seine Menschenrechte einzufordern.

Sowohl die eine als auch die andere Gruppe muss frei sein, Treffen zu veranstalten, bei denen die Entscheidungen analysiert, besprochen und getroffen werden können. Meinungsfreiheit ist ein wichtiger Bestandteil unserer UN-Menschenrechtskonvention, der alle 194 Mitgliedsländer zugestimmt haben.

Die Würde des Menschen gehört zu den Grundrechten des Menschseins. Menschenrechte und auch -pflichten sind eine Voraussetzung für ein friedliches, fröhliches und unbeschwertes Miteinander.

Gerichte werden darüber entscheiden müssen, wenn diese Rechte in unserer Zeit beim Thema Gesundheit und Impfung in Frage gestellt werden. Es wird eine Entscheidung für Demokratie – oder gegen sie – sein.

In der Hoffnung und Überzeugung, dass ein friedliches Nebeneinander möglich ist, verbleibe ich mit meinen besten Wünschen für unsere Zukunft, an einem wunderschönen Tag, mit herrlich blauem Himmel, zwitschernden Vögeln, guter Luft und blaugrünen Wiesen und Wäldern.

Der Weg in die Selbstverantwortung – die Vision

Unsere moderne Medizin ist evidenzbasiert. Wissenschaft, Forschung und Studien sowie Intuition und Empirie sollen alle medizinischen Maßnahmen begleiten.

Für jeden Mediziner und jeden Patienten gilt: Schadenfreiheit geht vor Therapie, Eigenverantwortung geht vor Fremdbestimmung. Erlauben Sie sich eine ganzheitliche Sicht auf die Dinge und lassen Sie sich nicht von Spezialistentum in der eigenen inneren Haltung einengen.

Viele Patienten fragen sich: Sicherheit, Nebenwirkungen, Schädigungen, Langzeitfolgen von Medikamenten und Impfungen – ist das alles überprüft, oder sind wir unfreiwillig Versuchskaninchen? Dieses Buch möchte die Bedenken und Sorgen vieler Betroffener thematisieren und die genannten Fragen aufgreifen und überprüfen.

Das größte Hindernis für eine wertfreie Beurteilung unserer gesundheitlichen Situation ist unsere Angst. Angst vor Krankheit und Tod oder Angst vor Nebenwirkungen und Schäden durch die Behandlung, den Eingriff oder die Impfung. Angst ist ein natürlicher Mechanismus, der über zehntausende Jahre das Überleben der Menschen sicherte – insofern ist Angst weder falsch noch dumm, sondern führt letztlich dazu, dass wir uns damit auseinandersetzen und zu für uns besseren Lösungen gelangen.

In jedem Fall ist es hilfreich, sich ausführlich und ernsthaft mit dem Thema Angst auseinanderzusetzen, was entscheiden wird, ob wir unsere Entscheidungen aus Angst oder einer entspannten, weiten Instanz in uns, nennen wir sie Intuition, Hausverstand, Liebe oder sonst wie, treffen.

Lassen Sie sich mit Entscheidungen Zeit, bis Sie klar vor sich sehen, was wirklich zu tun ist.

Nehmen Sie Kontakt zu Ihrem „inneren Arzt" auf. Aus dieser Haltung heraus stellen sich Medizin und deren Vertreter, Ärzte und Therapeuten, in den Dienst von Menschen und ihrer Gesundheit. Aber die Medizin ist auch ein Geschäft, und viele Patienten fühlen sich zwangsbeglückt. Das sollten wir ernst nehmen.

„Unsere Leben gehören nicht uns. Von der Wiege bis zur Bahre sind wir mit anderen verbunden, in Vergangenheit, Gegenwart und Zukunft. Und mit jedem Verbrechen und jedem Akt der Güte erschaffen wir unsere Zukunft."

Sonmi 451, aus dem Film „Cloud Atlas"

Wechseln Sie den Arzt, wenn offene oder unterschwellige Androhungen eines Zuwendungsentzuges oder der Vorwurf der Verantwortungslosigkeit vonseiten des Arztes bei einer Therapieentscheidung relevant werden sollten.

Die Verantwortung für Ihre eigene Gesundheit kann Ihnen niemand abnehmen. Verantwortung übernehmen heißt, gut informiert zu sein.

Jedem Menschen steht Lebenskraft für die Gesunderhaltung und Heilung zur Verfügung – Sie können diese behindern oder fördern.

Dieses Buch soll zur Eigenverantwortung und zum Nachdenken aufrufen. Information und Wissen sind dabei die erste Grundlage, um gute Entscheidungen im Hinblick auf Gesundheit und Wohlgefühl zu treffen.

Jeder ist aufgerufen, seinen eigenen Weg auf Basis dieses Wissens zum Thema Gesundheit und Krankheit und insbesondere zum Thema Impfen zu finden. Hausverstand und Intuition sind – in Kombination mit empirischen Erkenntnissen – unser Potenzial. Sehen wir die Angst vor Krankheiten oder vor Impfungen als unsere Verbündete: Sie zeigt uns, dass nur eigenes Informieren und der Mut zum Bauchgefühl zu einer Lösung führen wird, die für unser individuelles physisch-psychisches System passt.

Menschenrechte, die Würde des Menschen, Herzensqualität, Mitgefühl und Liebe als stärkste Heilkraft stehen am Ende des Weges.

Es zahlt sich aus. Lassen Sie sich nicht verunsichern. Suchen Sie nach Ärzten, die jene Maximen ebenfalls zu ihren gelebten Werten gemacht haben und die Bedürfnisse ihrer Patienten in ihre Arbeit integrieren. Sie sind nicht alleine.

Wagen Sie es, sich in Ihren Körper hineinzudenken. Es ist Ihr Körper – spüren Sie ihn. Er bleibt immer in Ihrer Verantwortung.

So wie der Schmetterling ganz allein aus dem Kokon schlüpfen und die höchste Anstrengung ganz alleine aufbringen muss, um zu leben, muss jeder die Kraft für seine Heilung und Verantwortung selbst aufbringen. Diamanten entstehen unter Druck – Heilung auch.

Es gibt viele Literaturhinweise in diesem Buch sowie Hinweise auf YouTube-Videos und DVDs. Nutzen Sie diese Informationen. Die Medizin hat viele Facetten und noch mehr Möglichkeiten – ebenso wie Sie. Der Mensch und seine Heilung müssen im Mittelpunkt einer Medizin der Zukunft stehen, nicht die Symptombekämpfung. Wir befinden uns auf einem guten Weg!

Was, wenn alle Zweifler, Andersdenker, Kritiker, chronisch Kranke und Verzweifelte unsichtbar bleiben würden? Die Wahrheit würde verdeckt bleiben.

Vorwort

Impfen, Impfungen und die damit verbundene Impfkritik sind zu einem sensiblen Thema geworden, das bei vielen starke emotionale Reaktionen auslöst. Besonders als Arzt ist es nicht mehr möglich, kritisch zum Thema Impfen Stellung zu nehmen, ohne das Risiko einzugehen, vom Disziplinarrat und dem Ehrenrat der Ärztekammer belangt zu werden.

Impfen spiegelt unser Gesundheitswesen wider. Es spiegelt unsere Art zu denken und unsere innere Haltung wider, Gefühle werden aus dem Unbewussten an die Oberfläche des Bewusstseins geholt. Angst, vor allem die allen Ängsten zugrundeliegende Angst sterben zu müssen, zeichnet sich deutlich ab. Die Angst vor Krankheit und Leid lässt uns Handlungen setzen, die jeglicher Logik und jeglichem Bauchgefühl widersprechen. Im Supermarkt und in Bioläden begeben wir uns auf die Suche nach biologisch einwandfreier, gesunder Nahrung. Gleichzeitig sind wir bereit, über Impfungen Stoffe in unseren Körper zu lassen, von denen wir wissen, dass sie giftig sind – wie Quecksilber und Aluminium in Impfstoffen. Quecksilber wird als Sondermüll entsorgt, Aluminium, gleich giftig wie Quecksilber, entwickelt Symptome im Zentralnervensystem, in der Niere, in der Gebärmutter und Prostata und verändert immunologische Funktionen im Körper. Trotzdem lassen wir uns diese Stoffe verabreichen, wenn auch nur in geringster Dosierung – weil sie als „unbedenklich" deklariert sind.

Doch nicht nur dieser scheinbare Widerspruch macht es zur Herausforderung, wenn ich Sie in diesem Buch durch das Thema „Impfen Pro und Contra" hindurch begleite und Ihnen den größeren Zusammenhang von Krankheit und Gesundheit nahebringe.

Ich glaube, es gibt eine Zukunft für die Medizin,
die auf uns wartet, in der wir uns treffen werden.
Eine Welt des Friedens, der Liebe und des Füreinander.

Einleitung –
Verbundenheit statt Trennung und Kampf

Das Wissen über Infektionen, Mikroben und Ansteckung ist ins Wanken geraten. Ist das alles überprüft? Eine Frage, die sich nicht nur Patienten, sondern auch Medizinern immer häufiger stellt. Noch sind die meisten Menschen von der herkömmlichen, mechanistisch geprägten Denkart überzeugt, in der Mikroben als Feinde bezeichnet werden, die bekämpft werden müssen. Es gibt aber eine wachsende Zahl von Ärzten, die eine ganzheitliche Sicht auf das Krankheitsgeschehen vertritt. Wissenschaftler, die immer wieder alles anzweifeln, neu überdenken, Konzepte und Theorien immer wieder revidieren, sind *auch* Mystiker, die an die Grenzen des bis dato Vorstellbaren stoßen und immer mehr in Bereiche eindringen, die noch im Dunklen liegen. So können wir mittlerweile in die kleinsten subatomaren Teilchen vordringen. Mit vielen Erkenntnissen werden wir vielleicht erst in Jahrzehnten oder Jahrhunderten etwas anfangen können – ebenso wie die „Beseelung" des Lebens, der Welt und der Dinge, die für uns momentan noch unerklärlich bleiben. Bewusstsein, eine letztlich nicht definierbare Dimension, in der alles erscheint, davon durchdrungen wird und auch dorthin wieder verschwindet, hat in manche Bereiche der Naturwissenschaft, wie der Quantenphysik, Einzug gehalten. In der Medizin sind wir von dieser Denkweise, in der alles miteinander verbunden ist und sich aufeinander bezieht, noch weit entfernt.

Das macht aber nichts. Die Evolution des Bewusstseins ist darauf ausgerichtet, immer wieder alles anzuzweifeln, wenn es nicht in ein größeres Wissen passt, um Irrwege auch als solche zu erkennen. Falsche Theorien werden über Bord geworfen und das, was an Fragen schließlich noch übrig bleibt, ist für den jeweiligen Stand der Forschung ein Mysterium, auf das Mystiker sich seit Jahrhunderten beziehen. Naturwissenschaft und Mystik werden mehr und mehr zusammenrücken, wenn wir dem Geheimnis des Lebens auf den Grund gehen.

Glauben Sie nicht auch, dass dieses Leben mehr ist als Mechanik, Kampf und Krieg?

So gilt es, das bisherige Wissen zu würdigen. Die „Schulmedizin" mit all ihren Anstrengungen, ihren Vorzügen und ihren enormen Errungenschaften ist *eine* Basis der Medizin. Die „alternative" oder „komplementäre" und psycho-emotional ausgerichtete Medizin ist eine *andere*. Es gilt, einen Brückenschlag zu vollführen, statt einen Kampf gegeneinander zu führen, in dem beide verlieren werden und sich gegenseitig die Möglichkeit zur Weiterentwicklung absprechen. Beide Seiten registrieren Symptome und behandeln Symptome. Und beide wollen darüber hinausgehen, um für Leidende zu einem besseren Leben in Entspannung, Frieden und Freiheit zu finden. Profit zu machen wird der einen Seite vorgeworfen und ist der anderen Seite genauso wichtig. Menschlichkeit ist die Dimension, die dabei aufholen darf. Da und dort. Kampf auf dem „Schlachtfeld" der Körper, in Beziehungen und auf den tatsächlichen Schlachtfeldern wird sich zurückziehen und einer Welt mehr und mehr Raum geben, die sich jenseits von Gut und Böse, von Richtig und Falsch auftut. Doch schon längst ist dieser Raum spürbar. Als Schönheit und Gefühl von Liebe scheint er hindurch. Dürckheim, der Begründer der Initiatischen Therapie, bezeichnet diese Erfahrungen als „Seinserfahrungen", gibt ebenfalls Hinweise auf diese immer wieder sich zeigende, allgegenwärtige Dimension in uns, die uns wie eine Matrix unterlegt ist. Alle Menschen in der medizinischen Welt geben ihr Bestes. Homöostase ist die treibende Kraft in unserem Körper und bezeichnet eine auf Harmonie mit etwas Größerem ausgerichtete Kraft. Sie ist auch die treibende Kraft in unserer Gesellschaft. Letztlich wird sie sich gegen alle Bestrebungen in verschiedenste Gegenrichtungen durchsetzen.

Das Buch setzt sich mit der Frage auseinander: Ist alles, was wir aktuell an medizinischem Wissen besitzen, tatsächlich überprüft und unverrückbar, oder sind manche Theorien auf Glaubenssätzen aufgebaut? Gibt es böse Bakterien? Gibt es krankmachende Viren? Gibt es Ansteckung in der mechanistischen

Art und Weise, wie wir uns das vorstellen? Oder spielen andere Kräfte hier mit? Ist die gesamte Lehre von den Krankheiten viel multidimensionaler als wir uns das im Moment vorstellen können? Ist das eindimensionale Denken über die krankmachenden Mikroben nicht eine stark vereinfachende Denkweise, die der oszillierenden Vielfalt des Lebens so nicht gerecht wird?

Ganz im Gegenteil zu den scheinbar grenzenlosen therapeutischen Möglichkeiten der Medizin scheinen Unwohlsein, Unruhe, Rastlosigkeit, Krankheit im chronischen Bereich wie Allergien, chronische Darmentzündungen, Rheuma, Diabetes, Autoimmunerkrankungen usw. und im psychischen Bereich, die sich als Burn-out, Depression, Panikattacken usw. zeigen, mehr denn je unser Leben zu dominieren. Die Verordnung von Psychopharmaka im großen Stil auch bei Kindern, Antibiotikagabe, Antirheumatika wie Cortison und anderes, spiegeln diese Problematik wider – und sind letztlich ein Ausdruck der Hilflosigkeit, mit der die moderne Medizin bestimmten krankmachenden Zuständen gegenübersteht.

Immer öfter werden von Mikrobiologen die Funktionen und die Bedeutung von Bakteriensystemen festgestellt, die Mikrobiome genannt werden. So werden wichtige immunologische Funktionen von als pathogen geglaubten Bakterien erkannt. Bakterien werden als *Folge* von Infektionen verstanden und *nicht als deren Ursache*. Als Gesundheitserreger sind sie am Abbau abgestorbener Zellen beteiligt. Sie bilden einen Teil des Immunsystems.

Der Begriff Virus – heute so selbstverständlich verwendet für alles, was mit Infektionen, Fieber und anderen akuten Symptomen zusammenhängt – ist bis heute nicht geklärt. Wissenschaftlich lässt sich der Masernvirus – und auch andere Viren – nicht als krankmachende Mikrobe nachweisen, eher als Enzym, ein Eiweißkörper, der im Rahmen von Infektionen seine Aufgaben erfüllt, die weitestgehend unbekannt sind.[2]

Ansteckung in der Form, wie wir uns Ansteckung vorstellen – dass nämlich Mikroben, Viren und Bakterien „herumfliegen", in den Körper eindringen und ihn krank machen – scheint nach neuester Erkenntnis so nicht stattzufinden.[3]

Und das wirft auch gleich die nächste Frage auf, nämlich den Zusammenhang mit Impfungen: Ist die Wirkweise im Körper wirklich vollständig überprüft? Sind die dem Impfsystem zugrundeliegenden Theorien überprüft, die so selbstverständlich als Tatsachen gelten?

Paradigmenwechsel in der Medizin

Als Arzt für Allgemeinmedizin und Begleiter zu Heilung und Gesundheit gilt der Grundsatz, dem Patienten in erster Linie nicht zu schaden („Primum nihil nocere"), den die hippokratische Tradition ins Zentrum des moralisch geforderten ärztlichen Handelns stellt, als oberstes Gebot. Dieser Grundsatz wird in der Impfthematik infrage gestellt, indem über empirische und wissenschaftliche Erkenntnisse hinweggegangen wird, sie für nichtig erklärt werden und Impfkrankheiten negiert oder bagatellisiert werden.

Der Kampf zwischen Impfbefürwortern und Impfgegnern geht am wichtigsten Punkt vorbei und wird dem Thema nicht gerecht, da jegliche Diskussion über das Impfen rein emotional geführt wird. Wissenschaftliche Fakten sollen hier wieder in den Vordergrund gerückt und einer evidenzbasierten Medizin, die immer gefordert wird, Rechnung getragen werden.

Laut ORF in einer Sendung über das Impfen im Hauptabendprogramm vom 2. 5. 2019 ist rund die Hälfte der Österreicher skeptisch, was Impfen anbelangt. Weltweit, vor allem in den Industrienationen, werden Menschen immer hellhöriger und machen Erfahrungen von oft heftigen Symptomen bis hin zu irreversiblen neurologischen Schäden nach Impfungen, sogar von Todesfällen wird berichtet.

Und so stehen wir, sichtbar gemacht am herrschenden politischen und medialen Druck, der in zwei unvereinbare Lager spalten will, in Europa und der ganzen Welt an einer Zeitenwende. Ein Paradigmenwechsel, ein grundlegendes Denken in Bezug auf

Medizin und Heilung, ist längst eingeleitet, der die Ära der Mikrobentheorie und die damit verbundene Infektions- und Krebstheorie zu Ende gehen und wieder eine ganzheitliche Sicht auf Krankheit und Gesundheit entstehen lässt und das Beste aus der aktuellen medizinischen Forschung mit der ganzheitlichen Medizin verbinden wird. Auch wenn es vielleicht noch eine Weile dauern wird. Oder?

Ein grundlegendes Umdenken erschüttert dabei immer die Grundfesten von Vorstellungen. So werden manche von uns wahrscheinlich noch einige Zeit am alten Denken festhalten, gibt es uns doch das Gefühl von Sicherheit. Die Physik ist gerade erst dabei, die klassischen und mechanistischen Wege von Isaac Newton und Galileo Galilei zu verlassen und wendet sich der Quantenphysik zu, die auch schon über 100 Jahre alt ist. So werden wir auch der alten Mikroben-, Infektions- und Krebstheorie noch eine Weile anhängen, sind sie doch mit der gesamten Medizinwelt und ihren symptomatisch erfolgreichen Therapien, angefangen von der Antibiotikatherapie, Virostatikatherapie, Pilztherapie, Chemotherapie und schlussendlich den Impfungen, verbunden. Das gesamte medizinische Denkmodell käme wie ein Kartenhaus ins Wanken.

Die Gesinnung und der Umgang mit kritischen Menschen und Menschen, die sich in Eigenverantwortung mit dem Impfen auseinandersetzen, die Wissenschaftlichkeit einfordern, wo sie mangelhaft ist, die Fragen stellen, wo es nur ungenügend Antworten bisher gab, spiegeln sich in unserer Zeit wider. In einem Statement vom 10. Mai 2019 äußerte der deutsche Bundesärztekammerpräsident Montgomery, dass Ärzte, die in Bezug auf Impfungen Kritik zur Sprache bringen, von ihren Stellen entfernt werden und in Labor- oder in Gutachtertätigkeit verabschiedet werden müssten, denn: „Ein Arzt hat nicht das Recht, Unsinn zu vertreten."[4]

Obwohl der Begriff Virus nicht geklärt ist und die Definition von Virus im Bereich der Forschung in Fluss ist, also der Streit unter Wissenschaftlern um die Natur eines Virus bis heute nicht geklärt ist, wird festgelegt, dass es *krankmachende* Viren gibt, die bekämpft werden müssen und Impfen ein probates Mittel ist, um diesen Kampf gewinnen zu können. Evidenzbasierter Medizin, die Forderung nach empirisch nachgewiesener Wirksamkeit von Behandlungsmethoden, die sich hauptsächlich auf wissenschaftliche Aussagefähigkeit klinischer Studien bezieht[5], weichen Konsens, Hypothese und Spekulation.

Gestern dachte ich, dass ich nie das hätte tun können,
was ich heute tue. Ich hab das Gefühl,
etwas Besonderes ist mir widerfahren.
Ist das möglich?

Ich glaubte an die alte Geschichte von Bedrohung,
Ansteckung und Kampf, der geführt werden muss.

Gestern glaubte ich, dass ich nie etwas anderes hätte denken
können, von dem ich morgen wissen werde,
dass ich es heute schon getan habe. Ist das möglich?

Der Versuch, Unangenehmes zu eliminieren – oder: Gibt es ein Leben ohne „Krankheit"?

Gemaltes Bild von Oskar Demmer,
Yin-Yang-Symbol, Symbol der Ganzheit,
aufgespalten in Polaritäten

Wenn wir an Heilung und an Gesundheit denken, könnten wir an das Yin-Yang-Symbol aus dem Taoismus denken, ein Symbol der Ganzheit, der Einheit, der Harmonie, der Ausgeglichenheit und des Wohlbefindens. Anhand des Symbols können wir sehen, dass Ganzheit sich im Leben polar darstellt. Das Leben spaltet sich in Polaritäten auf. Beide Teile der Polarität machen das Ganze aus.

Wenn wir einen der beiden Teile des Kreises nicht haben wollen, versuchen wir, diesen Teil aus unserer Bewusstseinsgrenze zu verdrängen. Wenn wir den schwarzen Teil zum Beispiel leugnen, wenn wir alles Unangenehme aus unserem Leben entfernen wollen, wenn wir Krankheiten, Alter, Tod, Leiden im Allgemeinen, wenn wir Menschen nicht in unserer Nähe haben wollen oder wenn wir bestimmte Gefühle nicht ertragen, Aggression,

Trauer, Schuld, Hilflosigkeit, Hoffnungslosigkeit, Resignation, versuchen wir diesen Teil zu verdrängen, sodass der weiße, strahlende Teil übrig bleibt. Anstrengung ist dafür notwendig, und Kampf ist die Folge: Wir kämpfen gegen den schwarzen Teil und wünschen uns und verlangen nach dem weißen Teil. Indem wir das „Dunkle" aus unseren Bewusstseinsgrenzen schieben, meinen wir, es sei nicht mehr da, wir bräuchten uns darum nicht mehr zu kümmern. Ich sage JA zu einem Teil und NEIN zum anderen Teil und hoffe, dass sich jemand anderer um diesen Teil kümmern wird: *Ich* will damit nichts zu tun haben.

Doch was passiert jetzt? Das gesamte Leben wird sich darum „kümmern", dass wir wieder in Kontakt kommen mit dem Verdrängten, dem Unangenehmen, Ungeliebten, Unbewussten. Gleichsam durch die „Hintertür" kommen wir mit diesem Teil unserer Persönlichkeit wieder in Kontakt: Wir versuchen, eine Krankheit zu eliminieren, und eine andere kommt auf uns zu; wir schieben Menschen, mit denen wir nichts zu tun haben wollen und die in uns unangenehme Gefühle wecken, aus unserem Bewusstseinsfeld, und im selben Augenblick kommt jemand anderer auf uns zu mit denselben Eigenschaften, die wir verdrängen wollten, sodass wir erneut darauf zurückgeworfen werden. Das heißt, dass alles dazugehört, dass eine Auseinandersetzung passieren soll über eine liebevolle Selbstsicht, ein Integrieren. Daraus folgt, dass Gesundheit und Krankheit zusammengehören, wie Tag und Nacht, Sommer und Winter, Einatmen und Ausatmen. Sie bilden ein System, sind untrennbar aufeinander bezogen.

„Nehmen wir der (akuten) Krankheit die Katastrophenstimmung, ist sie ein produktiver Prozess." (Unbekannt)

So ist die Vorstellung, dass wir Krankheit hinausschieben und mit ihr nichts mehr zu tun haben, eine Illusion. Ein Leben ohne Krankheit gibt es nicht. Es gilt, Krankheit und das Wesen von Krankheit verstehen zu lernen und als Wegweiser, als Hinweis zu verstehen. Nur im Ganzen finden wir inneren Frieden, nur im Ende des Kampfes gegen den einen oder den anderen Teil des Ganzen liegt Heilung.

Mediziner und Patienten werden von Fantasien geleitet, die schnelle Siege über die Krankheit herbeiwünschen. Hoffnungen und Erwartungen, die uns vorgaukeln, dass wir kurz davor stehen, Krankheiten überwunden zu haben, dass wir kurz davor stehen, Infektionskrankheiten zu besiegen, dass wir Kinderkrankheiten ausrotten können, dass wir in der Krebstherapie mit immer neueren und besseren Therapien Fortschritte machen können, dass wir möglicherweise sogar den Tod irgendwann überwinden können. Krankheit und Tod sind Feinde der Menschen, die bekämpft werden. Die größte Niederlage für den Arzt ist, wenn der Patient stirbt. Es ist ein uraltes Lebensthema des Menschen, Leid und Tod zu vermeiden, um ewiges Leben zu erlangen. Es sitzt tief, berührt uns immer und ist ein großer Antrieb im Leben.

Doch betrachten wir die Realität, dann sehen wir: Bekämpfen wir die eine Krankheit, treten andere Krankheiten oft verstärkt auf. Unterdrücken wir akute Krankheiten, tauchen chronische auf, die Krebsrate ist in Relation zum höheren Lebensalter im Steigen, der Tod eine unabänderliche Tatsache.

Das Leben ist von Krankheit und Tod nicht zu trennen. Wir werden älter und steuern mit jedem Atemzug, in jeder Minute den Tod an, entwickeln uns hin zu Greisen, zur Hilflosigkeit, zur Ohnmacht gegenüber wachsender Schwäche. Das macht uns Angst und wir versuchen, dieser Angst zu begegnen, ihr unseren Willen und unsere Macht entgegenzustellen. Die Vorstellung, gesund zu sein und Mittel an der Hand zu haben, die gesund halten, ist weit verbreitet. So entwickeln wir neurotische Konzepte der Abwehr, um nicht alt zu werden. Daraus erschaffen wir absurde Theorien und Therapien, Auswüchse unserer Allmachtsfantasien und der Angst, dass unsere Vorstellungen sich als Illusion entpuppen könnten. Wenn wir vor diesem Hintergrund unser Leben betrachten, dann sehen wir schnell, dass wir niemals sicher sind vor Krankheit, egal wie weit wir Präventivmedizin und Früherkennung, Therapien und Impfungen entwickeln, nie sicher sind vor Altern, nie sicher vor Verfall, niemals sicher vor dem Tod.

Beim Hinschauen auf das, was wirklich ist, könnten wir unser Leben neu beurteilen, unsere Beziehungen zu den Menschen und zur Natur neu bewerten, unsere Sterbekultur neu überdenken und wieder zum Menschlichen hin verändern. Die moderne Medizin könnte hier an ihren Platz zurückkehren, den sie verlassen hat: dem Menschen und dem *Leben* zu dienen, nicht nur ein *Überleben* zu sichern. Gerade Mediziner sind oft mit der ersten Phase der Trauer konfrontiert, die sich in Vorwürfen, Ablehnung und Wut äußert. Denn sie arbeiten am Puls dieser größten Angst der Menschen, der Angst vor Krankheit und Tod – und sind trotz aller Wunschvorstellungen nicht in der Lage, die Menschen davor zu bewahren.

Heilung ist Selbstheilung

Die moderne Medizin hat enorme Fortschritte gemacht. Besonders in der Chirurgie, insbesondere in der Unfallchirurgie und in der Transplantationschirurgie, werden wahre Wunder vollbracht.

Deutlich schlechter sieht es aus, wenn es um die Medikation geht. Ihr Ziel ist, durch die Einnahme von Tabletten oder das Verabreichen von Impfungen zu heilen bzw. Krankheiten vorzubeugen.

Unsere Vorstellung ist, dass Heilung von außen kommen kann, dass andere für uns einen Heilungsprozess übernehmen können, dass eine Pille, die wir von außen zu uns nehmen, einen Heilungsprozess erfüllen kann. Wir werden regelmäßig alle Jahre in der Schulmedizin wie auch in der Komplementärmedizin mit Wunderpillen und Wundermitteln konfrontiert, die uns versprechen, dass es Heilung geben wird.

Doch bei genauerer Betrachtung ist Heilung zu einem großen Teil ein Selbstheilungsprozess. Wir können zum Beispiel als Unfallchirurg Knochen zusammenfügen, wir können sie verplatten und verschrauben und die gebrochenen Enden wieder in die richtige Position zueinander bringen. Das Zusammenwachsen der Knochen, der eigentliche Heilungsprozess jedoch, bleibt dem Körper selbst überlassen. Der Körper ist ausgerichtet auf Selbstorganisation und Selbstregulation und versucht immer, einen Gleichgewichtszustand aufrechtzuerhalten. Die Aufrechterhaltung eines harmonischen Zustandes wird als Homöostase bezeichnet. Homöostase ist ein Naturgesetz, in der Energie fließen will. Wenn Energie nicht fließen kann, werden so viele Prozesse in Gang kommen, bis sich Harmonie einstellt. In der traditionell chinesischen Medizin (TCM) bedeutet Energiefluss Heilung. Selbstheilungskräfte sind immer vorhanden. Wir entscheiden mit unserer Art zu leben, wie sehr wir sie unterstützen oder behindern.

Was ist ein Symptom?

Das Symptom ist die Reaktion des Körpers auf einen Zustand im Körper, der dem Symptom vorausgeht und nicht in Harmonie ist. Es zeigt den Heilungsvorgang des Körpers an. Die Summe von Symptomen wird Krankheit genannt. Krankheit ist nicht etwas, was aus heiterem Himmel einfach auftaucht und uns überfällt. Es ist keine eigenständige Wesenheit, die von außen auf uns zukommt, keine „Bestrafung", kein Dämon, nichts, was uns ohne Grund überfällt. Symptome und Krankheit haben ihren Grund. Kein Symptom taucht zufällig auf. Es sind nicht Mikroben, die uns von außen angreifen. Sie haben mit der Symptomentstehung primär nichts zu tun. Bakterien gesellen sich sekundär dazu und verrichten immunologische Aufgaben, ebenso Viren. Sie befinden sich schon immer im Körper. Das Symptom ist gleichzeitig ein Hinweis: Irgendetwas stimmt im Körper nicht, etwas ist durch unsere Lebensführung und unsere Denkmuster aus dem Ruder gelaufen. Es geht um Homöostase, die Wiederherstellung des Gleichgewichtes. Das Symptom ist die Reaktion, die Homöostase herstellt.

Symptomunterdrückung behindert den Körper in seiner Funktion. Heilmethoden, die den Körper und das Immunsystem unterstützen, sind hilfreich, Heilmethoden, die den Selbstheilungskräften nicht im Weg stehen. Symptomunterdrückung inklusive der Nebenwirkungen der Medikation, um den Körper in einem (falschen) Gleichgewicht zu halten, haben mit Heilung nichts zu tun. Was ist die Natur eines Symptoms? Wie entsteht ein Symptom? Was ist die Natur von Krankheit? Wie entsteht Krankheit? Wir werfen einen Blick auf ganz einfache Symptome.

Fieber – der thermische Alarmplan

Fieber ist ein Zustand erhöhter Körperkerntemperatur, der als Begleiterscheinung bei Infektionen, Entzündungsvorgängen, Tumorerkrankungen, der Abwehr von Giftstoffen, Schlafmangel, traumatischen Ereignissen und anderen *Überforderungen* des Körpers auftreten kann. Die hiermit verbundenen Vorgänge beruhen auf komplexen physiologischen Reaktionen. Dabei treten Pyrogene auf, Stoffe, die der Körper selbst produziert, die die Erhöhung der Temperatur vermitteln. Fieber ist Ausdruck einer gestörten Homöostase und Disharmonie. Dabei ist Fieber ein hoch energetisierender Prozess, der vielschichtige immunologische Prozesse in Gang setzt, um zu regulieren.

Fieber ist also ein heilendes Symptom. Es ist Heilung an sich. Nichts, was bekämpft werden müsste, sondern unterstützt werden sollte. Christoph Wenisch, Wiener Infektiologe, bestätigte am Österreichischen Ärztetag in Grado 2014 die in der Evolution etablierte Abwehrreaktion gegen Infektionen.[6] Die „Hitzeschockreaktion" (Heat shock response) wirkt zellschützend.[7] Die Immunzellen werden aktiviert.

Fiebersenker

Fiebersenker gehören der chemischen Gruppe der nichtsteroidalen Antirheumatika (NSAR) an. Zu ihnen gehören Acetylsalicylsäure, Ibuprofen und Paracetamol.

Bekannte Präparate sind: Thomapyrin® (Acetylsalicylsäure, Paracetamol, Koffein), Mexalen® (Paracetamol), Aspirin® (Acetylsalicylsäure), Nurofen® (Ibuprofen), Nureflex® (Ibuprofen), Ratio Dolor Ibuprofen®, Grippostad® (Paracetamol, Koffein, Ascorbinsäure = VitC, Chlorphenamin), Apso Classic® (Acetylsalicylsäure), Ibumetin® (Ibuprofen), Dolomo® (Acetylsalicylsäure, Paracetamol, Koffein) – in Form von Tabletten, Fiebersäften und Fieberzäpfchen.

Diese Medikamente greifen in den komplexen, immunologischen Regulationsmechanismus ein, senken die Körpertemperatur, hemmen zusätzlich Entzündungen und Schmerzen entgegen allen natürlichen körperlichen Bestrebungen. Noch dazu gaukeln sie durch die Unterdrückung von Symptomen Gesundheit vor. Menschen kehren frühzeitig an den Arbeitsplatz, Kinder in die Schule und Kindergarten oder im Allgemeinen in die Öffentlichkeit zurück. Doch im Hintergrund ist der Körper krank und arbeitet auf hohen Touren. Dass Komplikationen bei Infektionen Tür und Tor geöffnet werden, wenn Fieber unterdrückt wird, kann der Hausverstand nachvollziehen. In Studien wurde nachgewiesen, dass medikamentöse Fiebersenkung das Auftreten von Mittelohrentzündungen, Lungenentzündungen, Gehirnhautentzündungen (Meningitis) und Gehirnentzündungen (Enzephalitis) fördert.[8] Die medikamentöse Fiebersenkung wird auch in der Schulmedizin zunehmend kritisch gesehen.

Fiebersenkung verlängert die Krankheit

Paracetamol hat laut Wenisch keine Wirkung bei Fieberkrämpfen, hingegen führt es zu einer verminderten Immunantwort, einer verminderten Antikörperproduktion und einem erhöhten Risiko für die Entwicklung von Asthma und Allergien.[9] Ibuprofen führt bei Sepsis zu einer erhöhten Mortalität, Indomethacin führt zu einer geringeren Durchblutung der Koronargefäße, alle nichtsteroidalen Fiebersenker zu einem erhöhten Blutdruck. Bei der gemeinsamen Einnahme von Fiebersenkern und Antibiotika steigt das Risiko, Allergien, Asthma und Neurodermitis zu entwickeln, noch einmal deutlich an.[10] Bei Einnahme von Paracetamol während der Schwangerschaft steigt das spätere Asthmarisiko der Kinder um ein Vielfaches an.[11]

Eine mögliche Nebenwirkung der chemischen Fiebersenker vom Typ der nichtsteroidalen Antirheumatika (NSAR) ist Gehirnhautentzündung (aseptische Meningitis). Wenn wir heute in den Beipacktext der NSAR schauen, werden wir feststellen, dass die Komplikation „aseptische Meningitis" in manchen Beipackzetteln und Informationen einen anderen Namen bekommen hat, nämlich „virale Meningitis". Hier wird mit Worten und Sprache Verwirrung hergestellt, vielleicht sogar auf eine falsche Fährte gelockt: Viren scheinen Schuld an der Meningitis zu haben.

In einer kanadischen Studie um den Mathematiker David Earn von der Mc Master University in Hamilton erwiesen sich Fiebersenker als Ursache für 5 % mehr Infektionen und tausende Tote. Daher warnen kanadische Forscher: *Fiebersenkende Mittel können tödlich sein.*[12]

Fieber aktiviert im Körper das Immunsystem und minimiert Erreger – Wissenschaftler vom University College London setzten 2010 in einer Studie Erreger Temperaturen von 40 Grad Celsius aus und erhielten eine Reduktion der Erreger um 90 %.[13] Kurze Zeit später wurden im Yorkshire Hospital NHS Trust 400 Patientendaten ausgewertet. 30 % der Patienten mit Lungenentzündung, bei denen die Temperatur auf 36 Grad Celsius gesenkt wurde, verstarben innerhalb von 30 Tagen. Lag die Temperatur leicht erhöht, verstarben immer noch 18 %. Die Patienten, deren Fieber nicht gesenkt wurde und die Fieber um die 40 Grad Celsius hatten, überlebten alle.

Der Mythos, dass hohes Fieber allein Fieberkrämpfe verursacht, ist widerlegt.[14] Fieberkrämpfe treten bei 1–3 % der Kinder bis 5 Jahre auf und sind anlage- und umweltbedingt. Sie können auf eine beginnende Epilepsie hinweisen, was abgeklärt werden sollte. Emotionaler Stress, heiße Tagestemperaturen im Sommer, zu geringe Flüssigkeitszufuhr und Schlafmangel fördern Fieberkrämpfe. Fieberkrämpfe können auch Folge von Kälte während des Fiebers sein. Der Körper versucht sich warm zu zittern, so wie automatisch Zittern bei Kälte und Angst auftritt.

Dass Kinder Epileptiker geworden sind, weil Fieberkrämpfe nicht wirkungsvoll unterbunden wurden, ist ein falscher Umkehrschluss.

Fiebersenkende Mittel können Fieberkrämpfe prophylaktisch nicht verhindern. Halten Sie Ihr Kind bei einem Fieberkrampf liebevoll im Arm, womit Sie zusätzlich Verletzungen verhindern, die im Augenblick des Anfalls passieren könnten. Das Kind kann kurz bewusstlos sein, zuckende oder schlaffe Muskulatur zeigen, eine veränderte Atmung haben und evtl. sogar eine blaue Hautfarbe aufweisen. Die Angst der Eltern, das Kind könnte während des Anfalls sterben, wirktgegen das nötige Bewahren der Ruhe. Der Anfall dauert eine bis drei Minuten. Eine homöopathische Prophylaxe und homöopathische Behandlung haben sich als hilfreich erwiesen.

Gewaltige Wissenslücken über Fieber deckte der britische Kinderarzt Iwan Blumenthal in einer Befragung auf: Dabei greifen rund 30 % der Befragten zu Fiebersenkern, wenn sie kaum über 37 Grad Celsius erhöhte Temperatur haben, 80 % der Befragten waren der Meinung, dass unbehandeltes Fieber mit hoher Wahrscheinlichkeit zu epileptischen Anfällen und Gehirnschäden führt, 7 % dachten, dass ohne Medikamente oder ärztliche Hilfe das Fieber immer weiter steigt bis das Kind stirbt. Tierversuche zeigten, dass jene Versuchstiere die höchste Sterblichkeit hatten, bei denen das Fieber gesenkt wurde.[15]

Zusammenfassung Fieber:

Fieber ist keine Krankheit, sondern einer *der* wichtigsten Selbstheilungsprozesse.
Fieber dient als Stimulans des Immunsystems.
Fiebersenken kann gefährlich sein und schwächt die Immunantwort.
Wadenwickel oder Körperwickel mit kühlen, feuchten Tüchern – getränkt in Wasser oder Fiebertee, mit anschließendem Schwitzen – sind natürliche Fiebersenker. Sie unterstützen den natürlichen Entgiftungs- und Reinigungsprozess.
Fiebersenkende Medikamente haben Nebenwirkungen und können Komplikationen fördern.
Fieber homöopathisch begleiten – wirkt sofort.

Husten

Husten bezeichnet das explosionsartige Ausstoßen von Luft, willkürlich oder aufgrund eines Hustenreizes über den Hustenreflex ausgelöst. Die Funktion des Hustens besteht darin, die Atemwege von Substanzen zu reinigen, die diese verlegen oder verengen könnten. Bei Erkältungen und in der Folge mit Entzündungen einhergehenden Zuständen – Bronchitis, Lungenentzündung – entsteht Husten, um im großen Umfang abgestorbene Zellen aus dem Atemtrakt zu entfernen. Husten ist der Heilvorgang. Dieser kann sehr wirkungsvoll mit diversen Naturheilmitteln unterstützt werden.

Schnupfen, Katarrhe

Genauso ist es mit dem Schnupfen, dem „Nasenkatarrh", der zur Absonderung von Giftstoffen und abgestorbenen Zellen führt, meist im Rahmen einer Erkältung. Gemeinsam mit den Nasennebenhöhlen dient das Schleimhautgebiet der körperlichen Entgiftung – so wie alle Schleimhäute des Körpers der Entgiftung dienen können.

Eiter

Ein anderes Beispiel ist Eiter. Eiter entsteht durch die Einschmelzung (Auflösung) des Gewebes durch Einwirkung von Enzymen, die von Leukozyten und Bakterien gebildet werden. Denken wir an einen Span, den wir uns in den Finger rammen. Es kann sich eine Entzündung und im weiteren Verlauf Eiter bilden. Die Entzündung entsteht durch Leukozyten und Abwehrzellen, sowie durch Bakterien, die aus dem Körper durch die Verletzung angezogen werden, und den mit der Verletzung im Zusammenhang stehenden abgestorbenen Zellen entlang des Stichkanals. Nekrosen, zerstörtes Gewebe, müssen abgebaut werden, und das wird von Bakterien erledigt. Bakterien treten sekundär in großer Menge auf und führen ihre Aufgabe vor Ort aus. Nachdem die Nekrose entfernt ist, verschwinden die Bakterien wieder. Der Eiter, der den Gewebedruck um den Span erhöht und schließlich aufplatzt, hilft, den Span aus dem Körper herauszudrücken. Die Symptome *Entzündung* und *Eiter* dienen der Eliminierung der toten Zellen im Stichkanal und der Entfernung von Fremdkörpern.

Der Chirurg unterstützt den natürlichen Vorgang des Körpers: *„Ubi pus, ibi evacua"* – *„Wo Eiter ist, dort entleere ihn."* Eine homöopathische Begleitung fördert die Wundheilung. Ruhe für den Körper unterstützt den Heilungsprozess und verhindert Komplikationen. Antibiotika sind obsolet, außer, die Entzündung breitet sich aus.

Doch in der Auseinandersetzung mit Bakterien passiert in unserer Vorstellung etwas Merkwürdiges: Sehen wir sogenannte bakterielle Infektionen, Entzündungen oder Eiter im Körper,

haben wir die Befürchtung, dass diese Bakterien „pathogen"
seien, also krankmachend. Wir nehmen an, dass sie von außen
kommen, den Körper angreifen und krankmachen. Wenn wir
den Ausführungen gefolgt sind, können wir erkennen, dass auch
Eitererreger und andere Bakterien „Freunde" sind und beim Abbau toten Gewebes helfen.

Durchfall, Erbrechen

Auch Erbrechen und Durchfall, etwa nach einem verdorbenen
Essen, haben die gleiche heilende Funktion: Reinigung von Ver-
derb, also nekrotische, verweste Lebensmittel, die durch Bakterien, Pilze und Parasiten abgebaut werden.

So kann jedes Symptom als Heilungsvorgang erkannt werden. Werden die Symptome durch Unterdrückung der Symptome
komplexer, ist der Heilungsvorgang in den Symptomen schwieriger zu erkennen, bleibt aber immer erhalten.

Die Kontrolllämpchen im Auto –
Hinweis auf Probleme *dahinter*

Vergleichen wir das Symptom und die Krankheit mit der Öldruckkontrolllampe eines Autos, die aufleuchtet, wenn der Öl-
druck aus irgendwelchen Gründen sinkt. Das Lämpchen leuchtet
auf, und wir wissen: Irgendetwas ist dahinter nicht in Ordnung.
In der Fahrschule wurde uns eingetrichtert, sobald die Lampe
aufleuchtet, mit dem Wagen stehen zu bleiben. Keiner käme auf
die Idee, die aufleuchtende Öldruckkontrolllampe abzukleben,
um sie nicht mehr zu sehen und sich selbst zu sagen: Es geht mich
nichts an, ich muss jetzt zu meiner Arbeit, das schaue ich mir spä-

ter an, mein Partner oder mein Chef würden das nicht verstehen, wenn ich stehen bleibe und später komme. Das würde niemand tun. Das Risiko, ein paar Kilometer danach mit einem großen Motorschaden liegen zu bleiben, wäre zu groß.

Doch was machen wir mit unserem Körper? Es leuchtet eine „Kontrolllampe" auf in Form von Fieber und anderen Symptomen, und wir nehmen fiebersenkende Mittel. Wir wollen das „aufleuchtende" Symptom nicht haben. Der Gedanke, uns auszuruhen und uns ins Bett zu legen, fühlt sich unangenehm an und stört. Wir müssen in die Arbeit gehen, haben Urlaub, wollen Sport treiben, haben keine Zeit, krank zu sein. Wir nehmen Antibiotika, Fiebersenker, Cortison und ähnliches und sagen zu unserem Körper: Das, was du gerade tun möchtest, das, was du jetzt gerade brauchst, damit du wieder in Harmonie zurückfindest, darf nicht sein. *Wir stellen uns dem Selbstheilungsprozess, der körperlichen Homöostase in den Weg.*

Wir nehmen Kohletabletten, wenn wir Durchfall haben und gerade etwas Schlechtes gegessen haben, und sagen dem Körper auf eine komische Art und Weise: Was du gerade machst, nämlich zu entgiften, darf nicht sein – und stoppen den Heilungsvorgang.

Wir haben Husten und nehmen sofort hustenreizstoppende Mittel. Abgestorbene Zellen und andere Giftstoffe bleiben im Körper.

Wir haben eine Infektion mit Bakterien und bekommen Antibiotika, die den Bakterien ihre Aufgabe verweigern. Wir haben eine Infektion mit Viren und bekommen vorsichtshalber Antibiotika – was in der Schulmedizin nicht „state of the art" ist – und schwächen so unseren Körper. Denn Antibiotika führen nicht nur zum Absterben von Bakterien, sondern auch zum Absterben von körpereigenen Zellen. Das ist seit langer Zeit bekannt und seit einer Studie aus dem Jahr 2013 bestätigt.[16] *Antibiotika töten Bakterien. Und körpereigene Zellen.*

Die Zunahme von Symptomen

Was wird passieren, wenn wir den Körper nicht seine Arbeit erledigen lassen?

Wenn wir durch chemische Medikamente die Symptome unterdrücken und so tun, als ob alles in Ordnung ist, wird der Körper größere Kraft aufwenden müssen, um die Entgiftung durchzuführen. Er wird weitere Symptome entwickeln, um der Symptomunterdrückung, die wir durch Medikamente verursacht haben, etwas entgegenzusetzen.

Unterdrückende Medikamente sind: Antibiotika, Virostatika, Antimykotika, alle fiebersenkenden Mittel, alle antientzündlichen Mittel, Schmerzmittel, Chemotherapie, Cortison, Impfungen.

Die Beispiele sind Erfahrungen aus 25 Jahren Praxis – mögliche Entwicklungen von schweren und chronischen Krankheiten

Die Beispiele beziehen sich auf häufige Krankheitsverläufe, die sich oftmals über Jahre entwickeln. Akute Erkrankungen werden ignoriert. Medikamente unterdrücken die Symptome. Schwerere akute Infektionen folgen. Medikamente unterdrücken die neuen Symptome. Chronische dauerhafte Symptome tauchen auf. Medikamente unterdrücken nun diese Symptome. Bis manchmal der Körper „explodiert", um endlich Gifte loszuwerden – Homöostase.

Homöostase (altgriechisch: „Gleichstand") ist ein Gleichgewichtszustand und bezeichnet einen Zustand eines offenen dynamischen Systems, der durch einen internen, regelnden Prozess aufrechterhalten wird. Homöostase versucht, ein dynamisches Gleichgewicht im Körper zu erzeugen – als Prinzip der Lebenserhaltung. Sie bezeichnet die Selbstregulation des Körpers. Diese versucht laufend, harmonische Zustände im System Körper zu schaffen. Und der Körper mit seinen Organen, Geweben,

Gedanken, Gefühlen und seiner Intuition bewegt sich immer hin zu einer harmonischen Balance mit der Natur und dem Kosmos.

Der Beginn einer Erkrankung liegt meist in traumatischen oder familiensystemischen Situationen: Sie stehen am Anfang! Ein beispielhafter Entwicklungszyklus: Auf eine Mandelentzündung, Blasenentzündung oder eine andere akute Infektion folgen die übliche Antibiotikagabe und die Einnahme fiebersenkender Mittel. Diese bringen anfangs eine Verbesserung der Beschwerden, was eine Zeit lang für Linderung sorgt. Nach einiger Zeit kommen die Symptome zurück und erfordern eine nochmalige Gabe von Antibiotika, wodurch die Symptome erneut für Wochen oder Monate verschleiert werden. Neue Symptome tauchen auf: Pilzinfektionen, Mittelohrentzündung, Lungenentzündung, Darmentzündung, Gehirnhautentzündung oder Gelenksentzündungen. Gegen die Schmerzen erfolgt bspw. eine Einnahme von Schmerzmitteln und antientzündlichen Mitteln. Diese ermöglichen eine Besserung der Beschwerden für vielleicht einige Jahre. Zwischenzeitlich werden Impfungen durchgeführt; dahinter arbeitet der Körper auf Hochtouren, die innerkörperlichen Funktionen verändern sich. Auf einmal taucht die Diagnose Rheuma auf, laborchemische Werte zeigen nachhaltige Veränderungen: Blutsenkung, CRP, veränderte Eiweißelektrophorese, Rheumafaktoren, Anti-CCP (ACPA), ANA, ANCA. Der Rheumatologe verschreibt antientzündliche Mittel, Cortison oder ähnliche Medikamente, die Entzündungen weiter unterdrücken.

Aus meiner Praxis:
Eine Patientin, 55 Jahre, seit vielen Jahren rezidivierende Mandelentzündungen und Blasenentzündungen; oftmalige Antibiotikagaben, nach 5 Jahren Entwicklung eines starken Bluthochdrucks.

Schnupfen, darauf Antibiotikagaben (was nicht lege artis ist, weil in der Medizin als Virusinfekt bezeichnet), dazu antientzündliche Medikamente, vielleicht Cortison. Als Folge verschwinden die Symptome für eine Weile; die Symptome kehren zurück, weitere symptomunterdrückende Medikamente werden verordnet. Entwicklung einer Nebenhöhlenentzündung, weitere Antibiotika und Cortison. Impfungen werden gemacht, dann „rutschen" die Symptome tiefer: Entwicklung einer akuten Bronchitis, dann einer immer wieder auftretenden (chronisch rezidivierenden) Bronchitis – Bronchienerweiterer (Bronchodilatatoren), Cortison – nach einiger Zeit: Diagnose Asthma.

Infektion, mehrmalige Antibiotikagaben, dazu Fiebersenker und antientzündliche Medikamente; da und dort zusätzlich Impfungen, Entwicklung einer Allergie und Nahrungsmittelunverträglichkeiten, darunter Pollenallergie und div. unklare Allergien. Einnahme von Cortison und Antihistaminika wird verordnet; keine Besserung, sondern Zunahme der Nahrungsmittelunverträglichkeiten, was eine Einschränkung des Lebens und Vermeidungsverhalten hervorruft – Vermeidung von Nahrungsmitteln, Vermeidung von Pollen, Vermeidung der Natur, der Lebensspielraum engt sich mehr und mehr ein.

Im Genitaltrakt – wichtiges Projektionsfeld von Emotionen und Traumen – entstehen zusätzlich Verletzungen bei intimen Begegnungen. Austausch von Fremdeiweiß (Schweiß, Schleim, Sperma) führt zu Entzündungsreaktionen; Bakterien und Pilze tauchen in diesem Bereich auf, denn beide kümmern sich um den Abtransport von durch Entzündung abgestorbenen Zellen. Verwendung von chemischen Gleitmitteln, Kondomen, die nicht vertragen werden (Silikon!) oder Unterwäsche, die nicht vertragen wird, verändern das Schleimhautmilieu bei Frau und Mann weiter und nachhaltig und fordern Hormongaben, Antibiotika und Antipilzmittel (Antimykotika). Blasenentzündungen, Entzündungen der Gebärmutter (Endometritis) und aufsteigende Nierenentzündungen ergänzen das anfangs lokale Beschwerdebild. Antibiotika und andere Medikation werden immer wieder eingesetzt, plötzlich bei einer gynäkologischen Untersuchung: ein schlechtes PAP-Ergebnis (schwere Entzündung mit Übergang zu Krebszellen).

Eine Infektion im Genitaltrakt (Blase, Gebärmutter, Prostata), dann Leberentzündung, Verdauungsschwierigkeiten jeglicher

Art mit folgender Entwicklung von chronischen Entzündungen im Darm, am Anus.

Infektionen im Genitaltrakt, Nierenentzündungen und Störungen an der Niere/Nebenniere jeglicher Art, dazu Zahnschmerzen und diverse Probleme im Dental- und Mundbereich.

Infektionen im Genitaltrakt, gefolgt von Nierenentzündungen und Störungen an der Niere jeglicher Art, Begleiterscheinungen sind erhöhter oder erniedrigter Blutdruck.

Infektion im Genitaltrakt, Entzündung der Leber, Störungen der Schilddrüse jeglicher Art.

Entzündungen an den verschiedensten Organen, Gelenkschmerzen, Gelenksentzündungen.

Bei der Verabreichung von Impfstoffen bzw. Medikamenten werden Giftstoffe und Adjutanten (Antibiotika, Aluminium, Quecksilber, andere Giftstoffe) in den Körper eingebracht; er will diese Gifte loswerden und antwortet mit einer lokalen Reaktion, mit verschiedensten Symptomen und sehr häufig mit Fieber. Durch die routinemäßige Gabe von fiebersenkenden Mitteln – wie oben beschrieben – nimmt das Symptom andere Wege und dringt in tiefere Gewebeschichten ein, Komplikationen treten auf: Lungenentzündungen, Mittelohrentzündungen, Gehirnhautentzündungen (Meningitis) oder eine Gehirnentzündung (Enzephalitis). Kinder entwickeln diese schnell, ihr Immunsystem ist (noch) lebendig. Hautausschläge und Allergien können nach einer Impfung auftreten. *Hohes Fieber ist oftmals Ausdruck eines lebendigen Immunsystems.*

Impfungen können in der Entwicklung von schweren Krankheiten immer eine Rolle spielen, da chemische Zusatzstoffe das Immunsystem dämpfen und behindern und manchmal der letzte Auslöser für die Entwicklung schwerer Erkrankungen sind.

Krebs steht am Ende eines nicht gelebten Lebens und übergangener Hinweiszeichen:

Symptomentwicklung hin zur Endstation „Krebs" – oder ein weiterer Versuch des Körpers, zu einem harmonischen Zustand zurückzukehren. Eine „*Explosion*" oder ein „*Aufbrechen*" hin zum Leben. Manchmal die letzte Chance, mit Unterdrückung und Selbstverleugnung aufzuhören. Manchmal auch die einzige Möglichkeit „Ruhe zu haben". Wir arbeiten auf Vollgas, vielleicht noch in einem Bereich, der unsere Potenziale nicht berücksichtigt, machen Sport, haben einen engen Terminkalender, Zeitdruck, keine Ruhephasen, haben Sorgen, Sorgen um den Arbeitsplatz, Geldsorgen, Schulden, Kreditrückzahlungen, keine Zeit für Beziehung, unerfüllte Beziehungen, Kinder, die uns brauchen. Wir funktionieren. Unsere wahren Bedürfnisse bleiben ungehört in uns selbst. Überleben statt leben. Ausbrennen statt Brennen. Der Sinn im Leben geht verloren. Burn-out. Zusammenbruch. Krebs, oftmals am Ende einer langen Zeit nicht gelebten Lebens und übergangener Zeichen, mit dem Hinweis, dass schon lange nichts mehr im Lot ist, ist die Folge. Krebs – der Versuch des Körpers, durch Homöostase in die Harmonie zurückzufinden. Der Körper muss „aufbrechen", wie aus einem Kerker, in dem wir uns und den Körper gehalten haben, zurückgehalten haben, ihn angepasst haben – emotional und mit Medikamenten. Das Leben macht sich Platz, verdrängend, expansiv. An diesem Punkt ist manchmal der „Point of no return" überschritten. Der Körper hat abgebaut, bricht auf und stirbt. Zu lange und zu viel musste er aushalten. Am Ende gibt Chemotherapie dem Körper den Rest: Auch hier darf der Körper sich nicht regenerieren, dem Symptom wird weiter der Kampf angesagt, Zellen werden zerstört, auch gesunde, hohe Giftmengen muss der Körper verarbeiten. Kräfteverfall, Gewichtsverlust und Auszehrung (Kachexie) sind schließlich die Folge. Der Tod – oft eine Erlösung nach einem endlosen Kampf gegen den Körper.

Was ist Krankheit?

Krankheit ist die Summe aller Symptome, die mit einem Namen, einer Diagnose, einhergeht. Die Diagnose stigmatisiert: Eine Schublade wird geöffnet und der Blick für das Ganze geht verloren. Krankheit, wird uns erzählt – immer und immer wieder – kommt von außen und wir müssen uns davor schützen. Die Diagnose wird oftmals wie ein Fluch erlebt: Wir schauen in das Internet und lesen über Symptome, Komplikationen, Therapiemethoden und Prognosen. Wie eine selbsterfüllende Prophezeiung wirkt das Niedergeschriebene, wir befinden uns wie auf Schienen der Angst – ob wir es merken oder nicht. Wir richten unsere Aufmerksamkeit auf das Unabwendbare, das Schwierige, auf den Kampf, und erschöpfen uns darin. Wir lesen: Irgendwann kann diese Krankheit zum Tod oder zu schwerer Behinderung führen. Todesangst taucht auf. Wir werden alles tun, um Todesangst und Tod abzuwenden.

Wir wenden uns schulmedizinischen Heilsversprechen zu: Impfen schützt – vor Krankheit und vor Tod. Medikamente bringen Erlösung. Ist das tatsächlich die Lösung?

Keine Diagnose – besseres Leben. Keine Diagnose – größere Heilungschance.

„Die Neugier" von Bert Hellinger

Ein Mann fragte seinen Freund: „Verstehst du etwas von Besessenheit?"

„Vielleicht", sagte der Freund, „doch worum geht es dir wirklich?"

„Ich war mit meiner Frau bei einer Wahrsagerin und die hat ihr gesagt, sie sei vom Teufel besessen. Was soll ich nun machen?"

Der Freund gab ihm zur Antwort: „Wer zu so jemandem geht, dem geschieht es recht. Denn jetzt bist *du* besessen, aber von einem inneren Bild, und du wirst es so schnell nicht wieder los.

Hast du schon einmal von Hernando Cortez gehört? Der hat mit ein paar hundert Soldaten das Riesenreich der Azteken erobert. Weißt du, wieso er das konnte? Er wusste nicht, was die anderen dachten."

Symptomunterdrückung – Medizin auf Irrwegen

Aus oben Gesagtem geht hervor, Symptomunterdrückung
- ist nicht sinnvoll,
- verhindert Selbstheilung,
- verdeckt die Hinweiszeichen,
- führt hinein in chronische und schwere Erkrankungen und
- ist vom Hausverstand aus gesehen unnatürlich.

Vorteile von Krankheit

Die Impfdiskussion zeigt in Bezug auf Krankheit weitere Auswüchse. Denn es wird uns erzählt, dass Krankheiten nichts Gutes mit sich bringen und wertlos sind.

Doch die Vorteile sind offensichtlich:
1. Wenn wir genauer hingeschaut und das Ganze im Auge be-
   halten haben, sehen wir, dass Krankheit der Gesundungspro-
   zess des Körpers ist. Wir kehren zurück zu einer Harmonie,
   die immer im Gleichgewicht mit dem gesamten Universum
   steht. Wir nennen diesen Vorgang *Homöostase.*
2. Giftstoffe, die in den Körper hineingelangt sind, werden ausgeschieden. Wenn ein bestimmtes Maß erreicht ist, wird der
   Körper akut krank, fiebert und Entgiftung passiert.
3. Stoffwechselrückstände, die der Körper ausscheiden will, werden verstärkt entsorgt.
4. Ruhe- und Rastlosigkeit führen zu einer Überforderung – so
   lange, bis durch Kranksein Ruhe eingefordert wird. Manchmal sagen Menschen: „Für mich ist Krankheit die einzige
   Möglichkeit, Nein zu sagen und mich abzugrenzen. Krankheit macht es möglich, mich ohne Schuldgefühle gegenüber
   Freunden, Familie, dem Partner, der Arbeit auszuruhen."

5. Akute Krankheiten führen zu einem motorischen, emotionalen und sozialen Entwicklungsschub. Besonders gut bei Kindern sichtbar, entwickelte Florian, unser erstgeborener Sohn, mit 3 Jahren Keuchhusten. Zu diesem Zeitpunkt hatte er oftmals mit Husten zu tun, manchmal über Monate. Der Keuchhusten war für ihn wie auch für uns Eltern über 4 bis 6 Wochen eine anstrengende Zeit. Danach war der immer wiederkehrende Husten wie weggeblasen, Husten war seither kein Thema mehr. Die Lungenschwäche wie ausgebrannt. Ein Wunder. Daneben zeigte sich ein motorischer Entwicklungsschub und der Kontakt zu uns Eltern, zur Familie, Freunden und im Kindergarten änderte seine Qualität.

6. Krankheit als Gesundheitsmotor. Aufmerksame Eltern, die ihre Kinder beobachten und jede Bewegung und Eigenart ihrer Kinder kennen, bestätigen den gesundheitsfördernden Aspekt von akuten Krankheiten.

7. Auch bei Erwachsenen kommt es zu Entwicklungsschüben nach akuten, fieberhaften Infektionen. Ruhe, ans Bett gebunden sein und Fieber können als „Fieberwahn, Fiebervision, Fieberfantasien" den Bewusstseinszustand weiten und Einsichten bringen, die im Alltagstrubel nicht wahrgenommen werden konnten. Man sieht über das Mögliche hinaus und bekommt Anschluss an Unbewusstes. Berühmte Beispiele für „Visionen" im Fieber nach einer Kriegsverletzung sind Ignatius von Loyola, der den Jesuitenorden gründete, Hildegard von Bingen bezieht sich in ihren Visionen auf das „Heil bringende" Fieber. Eigenarten werden auf eine natürliche Weise abgeschliffen und Schwierigkeiten im Umgang mit anderen Menschen und in Beziehungen werden weniger. Mitgefühl, Liebe und Friede zeigen sich oftmals verstärkt nach akuten, fieberhaften Krankheiten. Doch wer darf heutzutage noch fiebern?

8. Verschiedenste Studien zeigen, dass eine akute Maserninfektion im Kindesalter im Zusammenhang mit einem allgemeinen guten Gesundheitszustand im Erwachsenenalter steht.[17] Frauen, die in der Kindheit Masern natürlich durchgemacht

haben, erkrankten später weniger häufig an Eierstockkrebs.[18] Kinder in verschiedenen Ländern Afrikas zeigten nach Maserninfektionen ohne den Einsatz von Fiebersenkern und chemischen Medikamenten einen geringeren Parasitenbefall und weniger Malaria. Die Kinder waren robuster und gesünder. Ebenso steht eine durchgemachte Maserninfektion im Zusammenhang mit geringerem Brustkrebsrisiko[19], wirkte sich positiv auf die MS-Häufigkeit aus und korrelierte mit einer geringeren Häufigkeit an Asthma, Pollenallergien, Nahrungsmittelallergien, Heuschnupfen sowie Lactose- und Fructose-Intoleranz.[20] Weitere Korrelationen bestehen zwischen durchgemachten Maserninfektionen und geringeren Gelenks- und Knorpeldegenerationen, weit weniger Tumorerkrankungen, Hauterkrankungen und deutlich weniger Störungen des Immunsystems.[21] Interessant ist, dass noch in den 1960er-Jahren bekannt war, dass Kinder mit dem nephrotischen Syndrom (Eiweißausschüttung im Urin) in der Kinderklinik Basel bewusst mit Masern angesteckt wurden, weil danach die Krankheit geheilt war.[22] Ein 6 Jahre altes Mädchen litt an schwerer Psoriasis und wurde mit verschiedensten Therapien behandelt, die alle erfolglos waren. Nach einer akuten Maserninfektion begannen die Hauterscheinungen abzuklingen und verschwanden nach einigen Wochen. 6 Monate später war die Haut noch immer frei von Veränderungen.[23]

9. Asthma und Allergien zeigen nach wiederholten akuten Infekten im Kindesalter mit hohem Fieber deutlich geringere Fallzahlen[24], deutlich erhöhte Fallzahlen hingegen durch häufige Antibiotikagaben oder fiebersenkende Medikamente.[25] Paracetamol hat einen asthmabegünstigenden Effekt. Kinder, die in der Kindheit homöopathisch begleitet wurden und wenig bis keine chemischen Medikamente bekamen, entwickelten weniger Allergien und Asthma.[26]

10. Seit Krebsdiagnostik und -behandlung im 19. Jahrhundert zur Wissenschaft wurden, wurden immer wieder seltene Fälle mit „unerklärlichen" Spontanheilungen berichtet. Vielen dieser Fälle ist eine hochfieberhafte Erkrankung vorausgegangen.

Vor der Chemotherapie-Ära wurde Fieber erfolgreich therapeutisch genutzt, z. B. mit der Fiebererzeugung durch ein injiziertes Bakterienextrakt. Während man in der Chemotherapie- und Bestrahlungs-Ära ab den 1950er-Jahren der Meinung war, dass der Körper keine eigenen Mittel habe gegen Krebszellen zu kämpfen, wird der Zusammenhang zwischen Fieber und Krebsheilung seit den 1990er-Jahren wieder systematischer untersucht. Unterdessen ist es unumstritten, dass Fieber, insbesondere wenn es hoch ist, die Krebsabwehr fördert.[27] Die heute wieder vermehrt durchgeführte Hyperthermie nimmt Bezug auf dieses Wissen bei Heilung von Krankheiten, insbesondere Krebs.

Es sind nicht die Infektionserreger, die aggressiv wurden, es ist die Lebensweise, die sich verändert hat und das Immunsystem in seiner Funktion behindert.

Der historische Verlauf von Infektionskrankheiten

Der Blick auf die Geschichte der Infektionskrankheiten beinhaltet den Blick auf die jeweiligen Impfungen. Die offizielle Sprachregelung besagt, dass Impfungen maßgeblich am Abnehmen der Häufigkeit der Infektionskrankheiten und am Abnehmen der Sterbefälle beteiligt waren. Schauen wir auf erhobene Statistiken, so fällt auf, dass die Häufigkeit von Erkrankungen und Todesfällen durch Infektionskrankheiten abgenommen hatten, lange bevor Impfungen eingeführt wurden. Das bedeutet, dass andere Faktoren des Lebens Einfluss auf die Entwicklung von Infektionen genommen haben.

Sterbefälle an Masern in Deutschland[28]

In diesem Bild sehen wir die Sterbefälle an Masern in Deutschland. 1977 wurde die Masern-Impfung in Deutschland einge-

führt, in einer Zeit, in der Masern-Sterbefälle bereits um 90 %
rückläufig waren. Ganz im Gegenteil, die Todesfälle stiegen
nach Einführung der Impfung wieder an, ehe sie bis zum heutigen Tag so gut wie ganz abgeebbt sind. Die Kurve beginnt 1961,
da seit dem 1. 1. 1962 Todesfälle durch Masern in Deutschland
meldepflichtig wurden.

Sterbefälle an Masern in den USA[29]

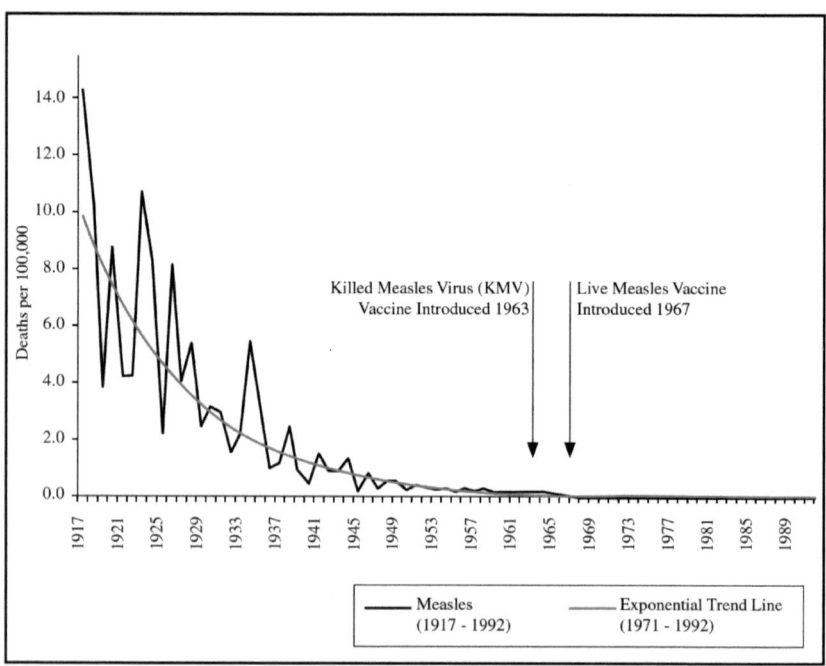

In dieser Darstellung werden die Todesfälle an Masern in den
USA seit 1917 gezeigt. Mehr als 95 % war die Todesrate an Masern rückläufig, als die Impfung gegen Masern 1963 eingeführt
wurde. Impfbefürworter hingegen beschreiben den Abwärts-

trend der Todesrate mit der Einführung der Impfung, was den statistischen Daten des deutschen Bundesamtes und den Daten der amerikanischen Gesundheitsbehörde nicht gerecht wird. Dabei werden die veränderten sozialen und hygienischen Lebensbedingungen im Laufe des Jahrhunderts außer Acht gelassen.[30]

Poliomyelitis in der Schweiz

Erkrankungsmeldungen der Ärzte und Laboratorien (BAG) 1940–1999, Todesmeldungen (BfS) 1949–1997[31]

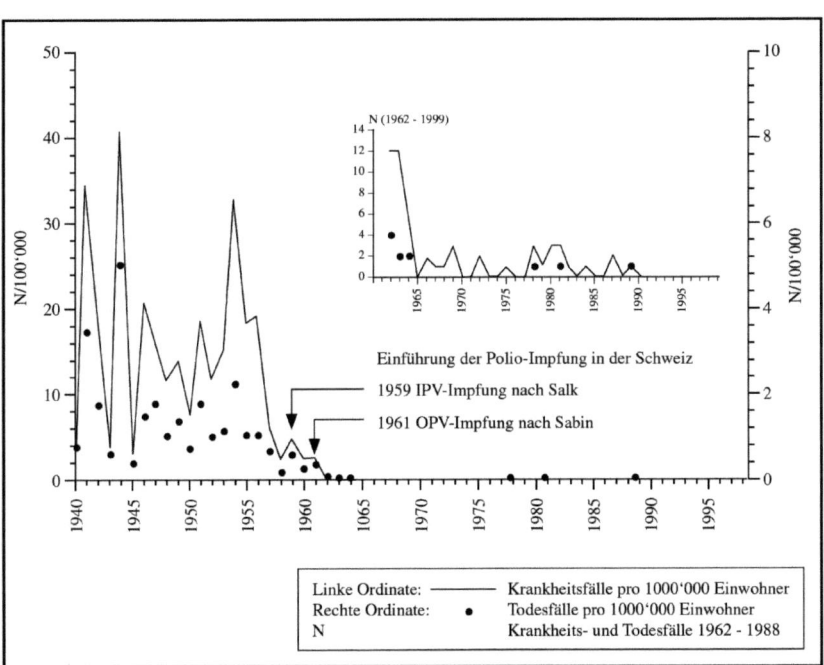

Die Rate der Poliofälle und der Poliotodesfälle in der Schweiz wird in dieser Darstellung beschrieben. Die Poliofälle waren längst im Rückgang, als 1959 die Polio-Impfung in der Schweiz eingeführt wurde. Auch ohne Impfung wäre Polio also wohl weiter von selbst zurückgegangen.

Ein Wort zu Polio – Korrelation von Lähmungserscheinungen bei Polio und dem Einsatz von Chlorkohlenwasserstoffen – die Geschichte einer Vergiftung

Erkrankung an Poliomyelitis in den USA von 1870–1998, DDT steht für alle organischen Chloride[32]

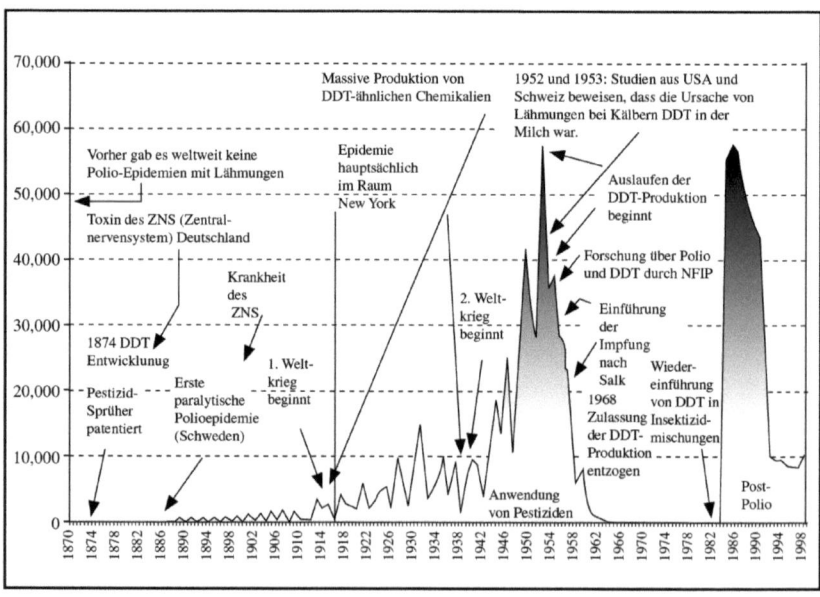

Die Kurve zeigt die Korrelation zwischen Poliofällen und Lähmungserscheinungen und der Entdeckung und Anwendung der Chlorkohlenwasserstoffe, wie DDT, PCB, Lindan, Chloroform u. v. a. DDT kam 1874 auf den Markt. 1831 wurde Chloroform entdeckt und seit 1846 als Narkosemittel und Schmerzmittel gegen Wehen in der Geburtshilfe in Europa eingesetzt.[33] 1886 wurden die ersten Lähmungsfälle bei Polio beschrieben. Davor war von keinen Lähmungserscheinungen in den medizinischen Geschichtsbüchern die Rede. Von da an stiegen sie massiv an. Chlorkohlenwasserstoffe wurden als Pestizide, Herbizide, als Narkosemittel, als Kampfgas und in der Kriegs- und Munitionsproduktion, als Entlausungsmittel, in Feuerlöschern und zur chemischen Reinigung, Kunststoffherstellung, Lösungsmittel u. v. m. verwendet.

Einer der ersten großen Einsätze von DDT war zur Läusebekämpfung bei einer Fleckfieber-Epidemie, die 1943/44 in Neapel ausgebrochen war. Durch eine systematische und konsequente Bekämpfung der krankheitsübertragenden Läuse mit DDT konnte die Seuche eingedämmt werden. Dabei wurde das Insektenpulver mit einem Pulverzerstäuber zwischen die Lagen der Kleidung geblasen. Es galt von da an als „Wundermittel" gegen insektenübertragene Krankheiten.[34]

Nach dem Eintritt in den Zweiten Weltkrieg mussten die US-Soldaten auch in den Kriegsgebieten vor dort verbreiteten Krankheiten wie Malaria oder Typhus geschützt werden. Hier sollte sich die Verwendung von DDT als einfache Lösung einer ganzen Reihe komplexer Probleme erweisen.[35] DDT wurde zum Standardmittel zur Entwesung von Soldaten, Kriegsgefangenen und der Zivilbevölkerung. Im Jahr 1944 wurden monatlich etwa 900 Tonnen DDT für das US-Militär hergestellt, bei Kriegsende waren es etwa 1 350 Tonnen im Monat.[36]

In der Folgezeit wurde DDT vielerorts als Pflanzenschutzmittel in der Landwirtschaft, im Obst- und Weinbau und als Insektizid angewendet und mittels Sprühflugzeugen, Motorspritzen und Nebelblaser ausgebracht. Es fand in Insektensprays für den Haushalt Verwendung.

In der Schweiz wurden 1950 DDT und HCH im sogenannten „Maikäferkrieg" getestet und an Waldrändern tonnenweise ausgebracht. Die Naturschützer schlugen Alarm. Viele Insekten starben, Bienenzüchter wurden entschädigt.

Gegen den Ulmensplintkäfer, den Überträger des für das Ulmensterben verantwortlichen Pilzes, wurden in den USA bis in die 1960er-Jahre riesige Mengen DDT verwendet und mit dem Flugzeug versprüht.

In der DDR wurde DDT gegen den Borkenkäfer eingesetzt. Wegen starken Befalls der Forste wurden dort 1983/84 insgesamt etwa 600 Tonnen DDT mit Sprühflugzeugen ausgebracht.

Mitte der 1950er-Jahre wurde die schädigende Wirkung von DDT auf Vögel bekannt. Im Jahre 1962 veröffentlichte die US-amerikanische Biologin Rachel Carson das Buch *Silent Spring* („Der stumme Frühling"), mit dem sie die Probleme und Risiken des Einsatzes von Pestiziden einer breiten Öffentlichkeit bekannt machte. Das Buch löste in den USA eine heftig geführte Debatte über den Einsatz von DDT aus.[37]

DDT ist heute in den meisten Ländern verboten. Anfang der 1970er-Jahre wurde DDT in den USA verboten, in Österreich erst 1992.

Doch nach einer Empfehlung der WHO von 1997 sollte DDT noch als Bestandteil „integrierter" Programme eingesetzt werden. 2006 empfahl die WHO noch ausdrücklich die Anwendung von DDT gegen Insekten, Moskitos und andere Mücken innerhalb von Gebäuden, da der zu erwartende Effekt auf die äußere Umgebung gering sei, während die krankheitsübertragenden Insekten, die sich vor und nach den Blutmahlzeiten an den Wänden absetzen, gut erreicht werden könnten.[38]

Die schädigende Wirkung von Chlorkohlenwasserstoffen und DDT im Sinne einer Vergiftung bezieht sich vor allem auf das Zentralnervensystem (ZNS), das Hormonsystem und das Herz. Anfangs bewirken sie bei niedrigen Dosierungen Kopfschmerzen, Übelkeit und Schwindel, später bei hohen Dosierungen **Lähmung** (!). Die Steigerung der Erregbarkeit tritt zuerst bei motorischen Neuronen des Gehirns auf, später sind Nervenzellen des

Rückenmarks betroffen.[39] Die Vergiftung beim Menschen erfolgt durch Einatmung, Aufnahme über die Haut, den Verzehr von fetthaltigen tierischen Produkten, die DDT im Fettgewebe eingelagert haben, und mit Spritzmitteln verseuchten Böden, Pflanzen und Nahrungsmitteln. Neben den nachhaltigen Störungen des Zentralnervensystems (Gehirn und Rückenmark) besteht ein hoher Verdacht, dass DDT krebserregend ist.

Todesfälle an Pocken im Deutschen Reich

von 1865–1882[40]

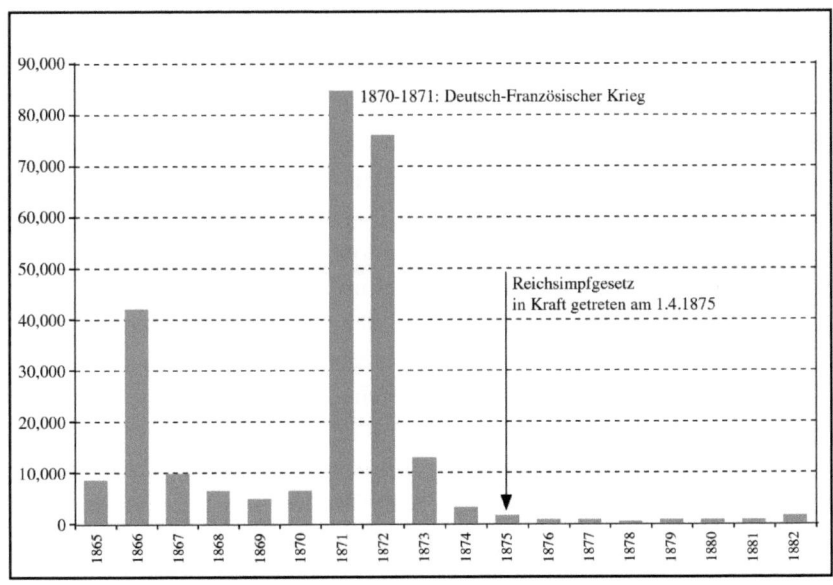

Die Tabelle zeigt die Pockenfälle im Deutschen Reich zwischen 1865 und 1882. Bereits vor dem Krieg 1870/71 war fast die gesamte Bevölkerung gegen Pocken geimpft. Die Pockenausbrüche hatten in den schlechten hygienischen Verhältnissen in den französischen Gefangenenlagern ihren Ursprung. Die französischen Soldaten waren geimpft und erkrankten trotzdem an Pocken. Nach Kriegsende gingen die Pocken schnell zurück. Zum Zeitpunkt der Einführung des Reichsimpfgesetzes waren die Todesfälle an Pocken bereits um 80% niedriger als im Krieg. Dessen ungeachtet wird vonseiten der Schulmedizin behauptet, dass die Pocken dank Impfung verschwanden.[41]

Rufen wir uns die Geschichte der Pocken in Erinnerung, stellen wir fest, dass Kriege, Unruhen, Flüchtlingsströme, Völkerwanderungen, Hungersnot, Elend, Armut, körperliche und unmenschliche Strapazen usw. immer einer Epidemie vorausgingen. Heute ist zweifelsfrei bewiesen, dass körperliche Auszehrung verbunden mit mangelnder Hygiene und extrem schlechter Ernährung bzw. Unterernährung die Ursachen der Pocken waren.[42] Strikte Hygiene, Isolierung der Erkrankten und körperliche Erholung alleine führten zum Abnehmen der Pockenzahlen und zum Ende der Epidemien. In Kriegsjahren traten immer wieder Fälle von Pocken auf, weil in dieser Zeit das Chaos, das keine Hygiene kennt, eine Blütezeit und Hochjunktur für Pockeninfektionen und andere Epidemien darstellte.

Warum verschwand die Pest im 17. Jahrhundert aus London und anderen Großstädten? Weil London durch ein großes Feuer bis auf die Fundamente niederbrannte und danach neue und saubere Straßen gebaut wurden und sich in anderen Städten die hygienischen Maßnahmen deutlich verbesserten. Warum ist in München der Typhus, der in der gleichen Zeit grassierte, wenige Jahrzehnte später verschwunden? Weil es sauberes Trinkwasser gab, Kanalisation und sanitäre Einrichtungen gebaut wurden. Das gleiche gilt für Hamburg – Sandfiltration der Elbe wurde für das Trinkwasser vorgenommen und Typhus und Cholera verschwanden kurze Zeit später. Die Säuglingssterblichkeit sank in dieser Zeit deutlich, obwohl damals keine Impfungen durchgeführt wurden.

Allen Interessierten, die sich noch mehr in das Thema Pocken vertiefen wollen, seien die Bücher von Anita Petek-Dimmer, *Kritische*

Analyse der Impfproblematik, und Dr. GerhardBuchwald, *Impfen – das Geschäft mit der Angst,* empfohlen. Buchwald hat die letzten 100 Pockenfälle in Deutschland im 20. Jahrhundert beschrieben.

Die Pocken-Impfung wurde schließlich vom Markt genommen, weil es keine Pocken dank der besseren Lebensqualität mehr gab und die Pocken-Impfung zu viele schwerste Impfreaktionen auslöste. Aus demselben Grund wurden die Tuberkulose-Impfung und die Polio-Schluckimpfung vom Markt genommen. Ebenso die Hexavac-Sechsfach-Impfung für kurze Zeit. Es gab zu viele Impfzwischenfälle.

Erkrankung an Tetanus in der Dominikanischen Republik

von 1978–1989 aus UNICEF Evaluation Publication, Nr. 6, 8/1990

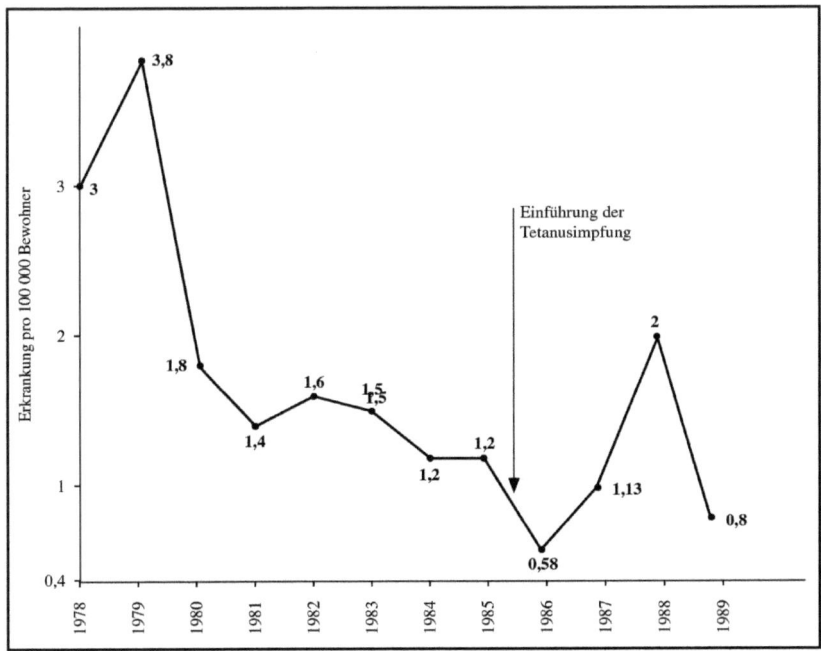

63

1985 wurde die Tetanus-Impfung in der Dominikanischen Republik eingeführt. Man sieht auf dieser Kurve, dass es nach Impfeinführung zu einem massiven Anstieg von Tetanusfällen kam, obwohl davor Tetanus im Rückgang war.

Weitere ausführliche Statistiken finden Sie auch in Büchern von Dr. Gerhard Buchwald, Hans Tolzin und Anita Petek-Dimmer.

Illusionen lösen sich auf – Krankheiten, Impfungen und die vergessene Geschichte

Sehen wir uns noch einmal die Lebensbedingungen, die unsere Gesundheit im tiefen Maße prägen, genauer an. Durch ein viro- und bakteriozentrisches Weltbild und die damit einhergehende Mikrobentheorie als Ursache aller Krankheiten rückten unsere Lebensbedingungen als auslösende Faktoren immer weiter in den Hintergrund. Der Rückgang der Infektionskrankheiten noch vor dem Beginn der einzelnen Impfungen deutet darauf hin, dass andere Faktoren des Lebens hier ebenso eine Rolle spielen. Die verbesserte Trinkwasserqualität, ein organisiertes Abwassersystem, eine organisierte Kanalisation der Städte, die Trennung von Abwasser und Trinkwasser, organisierte Müllabfuhr, die bessere Ernährung und der Wegfall von Hungersnöten, insgesamt eine verbesserte Hygiene, schließlich Badezimmer und Toiletten in den einzelnen Wohnungen, warme und trockene Wohnungen, geordnete Arbeitszeiten mit ausreichend Ruhezeiten, Mindestlöhne, eine verbesserte chirurgische Wundversorgung, lange Zeiten ohne Krieg – all das trug zu verbesserten Lebensbedingungen bei. Hunger, körperliche Erschöpfung, Auszehrung und existenzielle Ängste nahmen ab, was die Entstehung von Infektionskrankheiten minimierte.

Wagen wir einen Blick auf die Lebensbedingungen in den großen Städten Europas vor weniger als 120 Jahren. Die „guten alten Zeiten", in denen alles, insbesondere die menschliche Gesundheit, angeblich besser war als heute, sind ein Mythos.

Versammlung der Anti-Impf-Bewegung in Kanada,
Old City Hall November 13, 1919
Photographer: William James, Thanks to the City of Toronto Archives©
2013 Suzanne Humphries, MD, and Roman Bystrianyk, mit freundli-
cher Genehmigung von Humphries und Bystrianyk,
Uploaded by aguia1771345

Viele von uns haben eine romantische und nostalgisch gefärbte
Sicht der „guten alten Zeit" des 19. und Anfang des 20. Jahrhunderts. Vielleicht stellen wir uns Bilder vor, wo ein Gentleman in
einem pompösen Salon auf eine gut gekleidete Dame trifft. Vor-
nehme Damen, die aus einer Kutsche steigen, gefolgt von einem
galanten Mann mit Zylinder. Menschen, die in aller Entspannung
auf einem Raddampfer einen Fluss auf- und-abfahren. Zeiten, in
denen man in edlen Dampflokomotiven gemächlich durch die
wunderschöne Landschaft fuhr. Bilder von einem einfachen und
geordneten Leben, von einer Gesellschaft, die frei war von den
Strapazen einer modernen Arbeitswelt.

Entfernen wir die nostalgischen Filter, die nur in unserer
Fantasie existieren, tauchen ganz andere Bilder auf: Bilder von

Kinderarbeit, Arbeitsstätten, die auf gesundheitliche Belange und Sicherheit am Arbeitsplatz keinen Wert gelegt haben, Zeiten, in denen man kein Mindesteinkommen kannte, wo Arbeitszeiten von 12 bis 16 Stunden pro Tag üblich waren und Arbeit körperlich anstrengend war. New York und andere Städte der westlichen Welt vor knapp über 100 Jahren waren nicht von Vororten umringt, sondern von dampfenden und übel riechenden Müllhalden und Slums. Schweine, Hunde, Pferde und Ratten gaben auf öffentlichen Straßen ein normales Bild ab. Das Abwassersystem war nicht organisiert, Trinkwasser und Abwasser vermischt. Wasserklosetts (WC) wurden unter mehreren Familien geteilt und waren außerhalb der Wohnungen. Die Straßen waren meist nicht gepflastert und bei Regen verwandelten sie sich in Kloaken. Die Qualität des Essens war schlecht – ungekühlt, verfault, nach heutigen Standards ungenießbar. Hunger, Auszehrung und Mangelernährung waren weit verbreitet. Die Folge: Infektionen in großer Zahl gingen in den Städten um.[43]

„Im Jahr 1750 lebten etwa 15 % der Bevölkerung in Städten. Bis 1880 lebten 80 Prozent der Bevölkerung in städtischer Umgebung. Im Jahr 1801 war jeder fünfte Arbeitnehmer im verarbeitenden Gewerbe und in damit verbundenen Berufen beschäftigt. 1871 war das auf zwei von drei gestiegen. London, die größte Stadt der westlichen Welt, hatte 1801 etwa 800 000 Einwohner. Bis 1841 wuchs die Bevölkerung um eine weitere Million, und nach dem Tod von Königin Victoria im Jahr 1901 zählte das Herz des Königreichs, London, 7 Millionen Einwohner.“[44]

New York, 1903

New York, 1903

Beschreibung von London im Jahr 1916[45]: „In diesen Gebieten gab es kein sauberes Wasser, keine ordnungsgemäße Abwasserbehandlung und keine frische Luft. Ohne sanitäre Einrichtungen flossen menschliche und tierische Abfälle in die Straßen und mündeten in die örtlichen Bäche und Flüsse, die zufällig auch die primäre Wasserversorgung der Menschen darstellten. Sanitäranlagen für kleinere Bevölkerungsgruppen scheiterten. Senkgruben liefen über und versickerten in den örtlichen Wasservorräten …

14 Familien teilten sich das Wasserklosett,
New York, 1913

Überall vor den Türen Kot und Abfälle; dass irgendeine Art von Pflasterung der Straße darunter lag, konnte nicht gesehen, sondern nur hier und da mit den Füßen gefühlt werden … Große Epidemien tauchten regelmäßig auf und führten alle paar Jahre zu Katastrophen … Es gab nicht genug Mülltonnen. Und die zur Verfügung gestellten Mülltonnen wurden so selten gereinigt, dass die Familien ihren Müll in den Gassen deponierten ... Arbeiter lebten oftmals in dunklen, feuchten Kellern, die voll mit Ungeziefer und Ratten waren ... Diese Lebensbedingungen, vergleichbar mit den heutigen Dritte-Welt-Ländern und deren Slums, brachten zahlreiche Krankheiten hervor und eine entsetzliche Neugeborenen-, Säuglings- und Kindersterblichkeit begleitete die Abscheulichkeit von Kinderarbeit und Kinderfabriken ... Die Lebenserwartungen waren außerordentlich niedrig – oftmals über 20 und kaum über 30, selten 40 Jahre in der Arbeiterklasse ... Die Milchqualität war so schlecht, dass tausende von Kindern jedes Jahr starben ... Tiere befanden sich auf den Straßen der Städte: tot und lebendig, gefährlich und krank ..."

New York, 1903

Kinderarbeit in einer Fabrik um 1900

Präsident Jefferson (Thomas Jefferson 1743–1826) sagte dazu: „Great cities are great sores."

„Kill your Rats!" – das war die Aufforderung an die Bevölkerung in Form von Plakaten, die in der Stadt überall aufgehängt wurden, in Boston im Jahr 1916. Belohnungen wurden ausgesetzt für diejenigen, die am meisten Ratten tot brachten. 2 Millionen oder mehr Ratten verursachten jährliche Schäden von 70 Millionen US-Dollar in dieser Zeit.

Kill Your Rats!

There are 2,000,000 or more Rats in Boston, causing annual damages of $70,000,000 and jeopardizing the lives, property and prosperity of our city. (City Document No. 114,=1916, p. 20)

$50 to the person bringing the greatest number of dead rats on Tuesday, February 13, 1917, between 7 A. M. and 6 P. M. to City Sanitary Yards at Rutherford Avenue, Charlestown, Atlantic Ave., North Grove St., Albany St., and Highland St., Roxbury.
$100 to the person who brings the greatest number of any one in the city.

Women's Municipal League of Boston

THE LIBBIE PRINTING CO., BOSTON

Boston, 1916, Belohnungen wurden ausgesetzt für diejenigen, die am meisten Ratten tot brachten.

Manchmal taucht ein Artikel in den Massenmedien auf, der aufzeigt, wie heutige Lebensbedingungen unsere Gesundheit maßgeblich mitgestalten. Ein Artikel aus der „Kronen Zeitung" im Juni 2019 mit der Schlagzeile: „Jeder dritte Mensch hat kein sauberes Wasser – mangelnde Versorgung tötet Hunderttausende – laut UN-Bericht steht 2,2 Milliarden Menschen kein sicheres Trinkwasser zur Verfügung – das ist jeder Dritte. Mehr als die Hälfte (4,2 Milliarden) haben keine hygienischen Toiletten. 3 Milliarden können sich zu Hause nicht einmal die Hände waschen."

Ein Virus – was ist das eigentlich?

Der größte Teil der Menschen versteht unter einem Virus einen Aggressor, eine Mikrobe oder ein Lebewesen, das von außen in den Körper eindringt und Krankheiten auslöst. Viren „fliegen" in der Luft umher, werden mit der Ausatemluft verteilt und halten sich in Menschen und Lebewesen auf, wo sie sich vermehren und sie krank machen.

Das ist unsere heutige Vorstellung von Virus.

Genährt wird diese Vorstellung eines krankmachenden Wesens durch medizinische Lehrbücher, in denen steht:

„Auch fliegt das Masernvirus gerne von Zimmer zu Zimmer, wobei bestimmte Wege bekannt sind; in das gegenüberliegende und schräg gegenüberliegende, das darüber liegende, niemals in das nebenan gelegene Zimmer."[46]

Oder:

„Die echten Grippeviren sind kleine Kügelchen mit einem Durchmesser von wenigen Tausendstelmillimetern. Sie tragen einen festen Proteinpanzer und in diesem Panzer sind viele Werkzeuge enthalten, die es dem Virus möglich machen, bis zu den Atemschleimhäuten vorzudringen."[47]

Oder:

„Viren sind infektiöse organische Strukturen … Viren befallen Zellen von Eukaryoten – von Pflanzen, Pilzen, allen Tieren einschließlich des Menschen …"[48]

Oder etwas reißerischer …:

„Killer-Bakterium aß mein Gesicht."[49]

„Killer-Virus brachte meine Mutter um."[50]

In den letzten Jahren wurde immer häufiger von neuen Viruserkrankungen berichtet. Wir denken an die Schweinegrippe, die Vogelgrippe, Ebola, Hepatitis C, BSE, SARS, HIV, Zika usw. Gleichnamige Viren wurden für deren Krankheitsausbruch verantwortlich gemacht.

Aus dem Inhaltsverzeichnis des Buches „Der Viruswahn" – ein ausgezeichnet über Jahre recherchiertes Buch von Torsten Engelbrecht und Dr. med. Claus Köhnlein:

„Polio – Pestizide wie DDT und Schwermetalle im Verdacht"

„Das Virus-Desaster der 70er – und HIV als Rettung in den 80ern"

„AIDS – vom Rettungsanker zum Multi-Milliarden-Dollar-Business"

„Drogen, Medikamente und Mangelernährung machen AIDS"

„Hepatitis C – als Erklärung reichen Toxine wie Alkohol, Heroin und Medikamente"

„BSE – die Epidemie, die es nie gab"

„SARS – eine Hysterie auf den Spuren von AIDS und BSE"

„H5N1 – Vogelgrippe und kein Pieps an Beweisen"

„Der große Schweinegrippe-Schwindel"

Coronavirus – die Epidemie, die keiner überprüfen kann, Probealarm für Pandemie und Pflichtimpfungen??

Virologen sind Spezialisten, die sich mit der Erforschung von Viren beschäftigen. Sie haben Einschlüsse in Zellen entdeckt, von denen sie annehmen, dass es sich um die lange gesuchten, von außen kommenden, krankmachenden Gifte (lateinisch: *virus* = das Gift) handelt. Eine andere Gruppe von Wissenschaftlern sieht in Viren körpereigene Strukturen, die am Aufbau der Zelle beteiligt sind. So ist man sich über Funktion und Mechanismus nicht einig. Die Definition des Virus ist im Wandel. Methoden der Identifizierung und Nachweismethoden sind in Entwicklung, die exakte Definition und Funktion von Virus ist zurzeit präzise nicht möglich.

Die historische Bedeutung von „Virus"

Historisch wurden Krankheiten in einer archaischen Vorstellung als Wesenheiten gesehen, die den Körper befallen oder ihn als Dämonen oder Geister besetzen. Später sprach man von Giften, lateinisch „Virus", die den Körper krank machen und den Tod herbeiführen können. Als man Bakterien mit der Lupe und später mit dem Mikroskop entdeckte und auch ihnen krankheitsverursachende Wirkung zuschrieb, unterschied man im Wesentlichen zwischen Krankheiten, die durch Bakterien ausgelöst werden, und Krankheiten, die von einem Virus, einem unbekannten, nicht erkennbaren Gift ausgelöst werden, bei denen keine Bakterien entdeckt wurden. Keime als die einzige und alleinige Ursache von Krankheiten – die Keimtheorie war geboren. Und Robert Koch (1843–1910) und Louis Pasteur (1822–1895) waren deren Begründer. Viren gelten heute als *die* Ursache vieler Erkrankungen, die als Viruskrankheiten oder Virusinfektionen bezeichnet werden. „Virus invisibile", das unsichtbare Gift, war in den 1930ern der Begriff, der auf die unsichtbare Natur der Krankheitserreger hinwies. Paul Ehrlich (1854–1915) begründete die Antikörpertheorie, war der Vater der modernen Chemotherapie und verfolgte die Idee, „chemisch genau zielen zu lernen" mit der „Chemotherapia specifica". Die Keimtheorie setzte sich durch, die chemische Therapie war geboren. Andere Ursachen von Krankheiten wurden verdrängt und vergessen.

Viren in der Welt der Medien

In unserer Zeit sind es skizzierte Bilder, Zeichnungen, bunte Computeranimationen von Viren in Fachzeitschriften und Tageszeitungen oder Magazinen, die die Illusion vermitteln, man wisse über Viren Bescheid, kenne sie und könne sie isoliert im Labor oder unter dem Mikroskop darstellen. *Doch echte Fotos von Viren innerhalb von wissenschaftlichen Publikationen fehlen. Es gibt sie nicht.*[51]

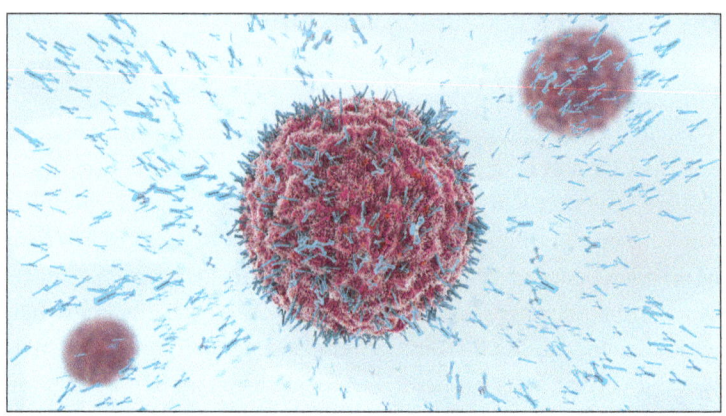

Fakt ist: Strukturen in der Zelle, die man im Elektronenmikroskop darstellen kann, sind bis heute nicht geklärt. So steht der Meinung von zellinternen Strukturen oder von außen kommenden Viren die Meinung gegenüber, es handle sich ausschließlich um Artefakte und Verschmutzungen. Eine vollständige Reinigung und Isolierung, eine Bestimmung der biochemischen Eigenschaften und elektronenmikroskopische Aufnahmen von einem Virus gibt es nicht. Der Nachweis eines krankmachenden, nichtbakteriellen Erregers ist in medizinischen Studien bis dato nicht gelungen. Mehrmaliges Nachfragen bei der Ärztekammer Österreich und beim Robert Koch-Institut in Deutschland ergibt bis heute keine einzige Angabe von entsprechenden Studien.

Ist es Zufall, dass die Bilder in Größe, Form und Farbe Respekt und Angst einflößen, dass sie in ihren Formen Bomben oder der Vorstellung von außerirdischen Raumschiffen ähneln? Soll damit der Keimtheorie und der damit verbundenen Impf- und Krebstheorie entsprechender Nachdruck verliehen und die Hoffnung genährt werden, dass Impfen das Mittel der Wahl für die Vorbeugung vor vermeintlich gefährlichen Virusinfektionen ist?

Viren als Computeranimationen

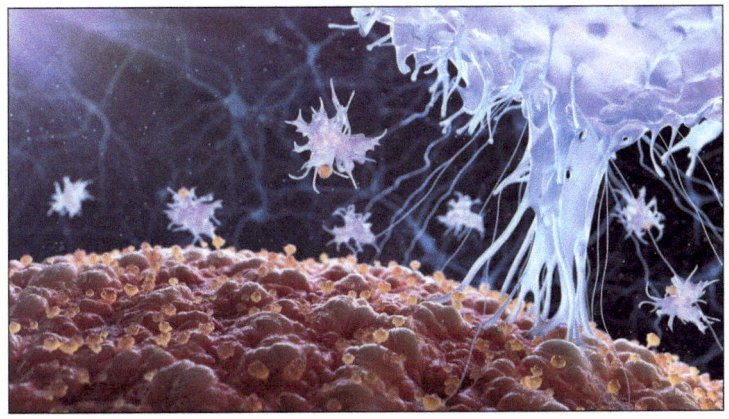

*Soll eine Vorstellung von Viren aufrechterhalten werden,
die an tief sitzende Ideen von der Entstehung
von Krankheit, Siechtum und Tod anschließt und
an unseren tiefsten existenziellen Ängsten rührt?
Neben diesen furchterregenden computeranimierten Bildern
von Viren bemühen wir auch eine militärische Sprache,
wenn es um den Kampf gegen Viren und Bakterien geht.
Androhungen von Leid, Behinderung und Tod und der
Vorwurf der Verantwortungslosigkeit – ist das die Medizin, die
Gesundheit anstrebt, jedoch ein Bild von Krankheit zeichnet,
das jeder Wissenschaftlichkeit entbehrt?*

Die Wortwahl in Bezug auf Infektionen, Krebs und Krankheit – eine militärische Sprache

Soll die Angst vor dem Fremden den Kampf gegen Viren und Bakterien rechtfertigen, unterstützen, aufrechterhalten?

Invasion von Keimen

Es wird auf Symptome eingeschossen.
Fresszellen erledigen die Aufräumarbeiten.
Die Ärzte stehen an vorderster Front.

Der Körper ist ein Schlachtfeld.
Killerzellen attackieren Fremdzellen.
Bakterien und Viren – aggressiv, hinterhältig, heimtückisch und getarnt.
Chemisch gezielt schießen.

Die Sprache in Verbindung mit Viren und Bakterien, gegen den Feind von außen, gegen das „Fremde" und für den Kampf – sie erinnert an die Angst vor Zecken, Spinnen, Giftschlangen, Wölfen, vor der feindlichen Natur. Oder an den Ersten Weltkrieg, wo Giftgas gegen „menschliche Schädlinge" eingesetzt wurde, an den Zweiten Weltkrieg mit Flächenbombardierungen, Vernichtungslagern und der Atombombe. Es geht darum, das Böse auszurotten, den Kalten Krieg gegen den Bazillus des Kommunismus oder des Kapitalismus. Heute sind es die Terroristen, die in der globalen Welt ihren Kampf führen – heimtückisch, hinterhältig und getarnt.

Virus bedeutet, wie schon erwähnt, als lateinisches Wort „Gift". Gifte gelangen in den Körper, Krankheit und Tod folgen der Vergiftung. Der Körper soll Gegengifte produzieren – eine uralte Hoffnung der Menschheit. Doch diese alte Hoffnung, dass es zu jedem Gift ein Gegengift gibt, hat sich als Illusion herausgestellt. Bienengifte, Schlangengifte, Gifte von Bakterien wie Tetanus, andere Gifte wie Arsen, Schwer- und Leichtmetalle wie Aluminium und Quecksilber kennen keine Gegengifte. Der Körper kann sich an Gifte gewöhnen, lernt, diese besser durch Enzyme abzubauen. Desensibilisierungsmaßnahmen nehmen darauf Bezug. Gegengifte und schnelle Lösungen sind es aber nicht.[52]

Die molekularbiologische Bedeutung von „Virus"

Die molekularbiologische Bedeutung des Begriffs Virus bezieht sich auf einen über viele Jahrzehnte gehenden Diskurs über die Virusnatur. Züchtungs-, Filtrations-, Färbeverfahren und zuletzt die Entdeckung des Elektronenmikroskops in den 1930er-Jahren konnten keine von außen kommenden und krankmachenden Viren zweifelsfrei nachweisen. In den Zellen wurden Zellpartikel entdeckt und als die sehnsüchtig gesuchten Viren fehlgedeutet. Ihre Zahl änderte sich bei bestimmten, fieberhaften Infektionen. Weiterhin wurden sie als „Viren" bezeichnet.[53] Ihre genaue Funktion wird noch erforscht.

Es konnte bis heute kein Virus fotografiert oder isoliert werden, weshalb die Infektionstheorie in den USA in den 1940ern für 7 Jahre aufgegeben wurde. Daraufhin folgte 1952 die Idee der Gene als Bau- und Funktionsplan des Lebens und die Theorie, dass ein Virus einen Teil der Erbsubstanz darstellt und diese in eine gefährliche Erbsubstanz umwandelt. Veränderungen und Mutationen an der Erbsubstanz sollen Krankheiten verursachen.[54] Das neue Dogma der gefährlichen Gene bestand bis in die 1990er-Jahre. Das Genom ist die Gesamtheit des Erbguts eines Lebewesens oder eines Virus, bei dem Nukleinsäuren (DNA und RNA) als Informationsträger dienen – so das Allgemeinwissen. Dabei galt das Genom als unveränderlicher Bauplan des Menschen. Von dieser Idee musste sich die Wissenschaft verabschieden. Man erkannte, dass sich das Erbgut und das Genom in ständigem Umbau befinden. Das Genom stellt ein offenes System dar, in dem keinesfalls alles vorbestimmt ist. Wie ein Gen aussieht und funktioniert, welchen Funktionsprinzipien das Erbgut von Mensch und Mikrobe folgt, bleibt weiterhin ein Rätsel. Die Idee des Erbguts als krankmachender Faktor war in Auflösung begriffen und zerbröselte. Der US-Genetiker Matthew Hahn verglich das Erbgut mit einer Drehtür: „Ständig kommen Gene, andere gehen." Hunderte oder tausende Gene sind an der Entstehung von Krankheiten beteiligt. Die Gene selbst unterliegen den Umwelteinflüssen des Lebens und dem umgebenden Milieu.[55] Das Zeitalter einer „relativistischen Genetik" beginnt.[56]

Aus molekularbiologischer Sicht geht unser heutiges Wissen dahin, dass Viren körpereigene Strukturen darstellen, Eiweißkörper, Enzyme, harmlos für den Körper, ja, im Gegenteil, notwendig für den Zellaufbau. Viren wären demnach keine Krankheitserreger, sondern die Vorläufer von Bakterien und Zellen. Sie können in Menschen, Tieren und Pflanzen nicht isoliert gesehen werden, weil sie in deren Zellen als Zellorganellen und im Zellkern verankert sind.[57] Zellorganellen sind für den Stoffwechsel innerhalb der Zelle verantwortlich. Die größte Zellorganelle ist der Zellkern, das Steuerzentrum der Zelle. Zu den Zellorganellen gehören auch das endoplasmatische Retikulum (ER), der Golgi-Apparat, die Lysosomen, die Mitochondrien und Ribosomen.

Was ist aber, wenn Viren nicht von außen kommende,
feindliche Wesen sind? Wenn Viren Zellpartikel sind,
die für das Leben unersetzlich sind?

Einem weltweiten, gigantischen Geschäft von Milliarden
Dollar pro Jahr würde die wissenschaftliche Grundlage
entzogen. Der größte Teil der Virologen, Molekularbiologen,
Biochemiker etc. verdient sein Brot in Unternehmen,
die Impfstoffe erzeugen und Testverfahren zur Virusdiagnostik
entwickeln. Es gibt nur wenige finanziell unabhängige
Forscher auf diesem Gebiet.

Zur Frühgeschichte der Virologie

Diskurse über die Frage „Was ist eigentlich ein Virus?" werden über viele Jahrzehnte geführt, sogar Jahrhunderte. Prof. Karlheinz Lüdtke vom Max-Planck-Institut gab 1999 eine Abhandlung über die Virologie heraus.[58] Hier einige Zitate aus Lüdtkes 80-seitiger Stellungnahme zur Natur der Viren. Sie zeigen die Unsicherheit und das gleichzeitige Ringen um den Nachweis der Natur eines Virus in der Welt namhafter und führender Virologen:

- „Virus ist kein wissenschaftlich begründeter biologischer Begriff, wie bisweilen geglaubt wird." Seiffert, 1938
- „Nach wie vor waren zwei einander ausschließende Interpretationen möglich: entweder sieht man das Virus nach Art eines belebten Erregers oder man sieht das Virus als einen enzymartigen Stoff." Hallauer, 1938, Blumenberg, 1943
- „Der Einsatz der Elektronenmikroskopie schien das Bild von der Virusnatur eher zu trüben als zu schärfen." Lüdtke, 1999
- Der Gedanke sei biologisch untragbar, dass ein der Wirtszelle angehörendes Teilchen durch den Einfluss eben dieser Zelle direkt in ein vermehrungsfähiges, übertragbares und spezifisches Agens mit allen Qualitäten eines pathogenen Keimes umgewandelt wird. Doerr1944
- „Interpretationsprobleme … Hemmungsloses Türmen von Hypothesen war die Folge …" Doerr, 1944
- „Artefaktvorwürfe und Verunreinigungen können von ‚Viren' nicht unterschieden werden." Helvoort, 1994
- „Mit dem Perspektivenwechsel – mit der Betrachtung der Viruserscheinungen von der Warte Außenstehender (Genetiker, Chemiker, Physiker usw.) – war die Erwartung verknüpft, dass sich die Kontroversen darüber beenden ließen, ob Viren zu den Lebewesen zu rechnen oder als eine lösliche Substanz oder ein Enzym aufzufassen sind." Lüdtke, 1999
- „… dass sich die Rätsel, die die Natur des Virus den Forschern aufgab, nicht gemäß den empirischen Erfolgen fortschreitend entwirren ließen … Es schien mit der Weiterentwicklung der verwendeten Verfahren immer weniger möglich zu sein zu

sagen, wie Viren in einem ganz allgemeinen Sinne begriffen werden müssten." Latour, 1987

- „Ursprung und Wesen des Lebens zu ergründen war und bleibt letztes und höchstes Ziel der Wissenschaft." Doerr1944
- „... es gibt keinen fundamentalen Unterschied im klinischen und epidemiologischen Verhalten von durch Viren verursachten Krankheiten, der dazu führen könnte anzunehmen, dass die Viren grundlegend unterschiedliche Natur voneinander haben." Bedson, 1966
- Lüdtke fasst zusammen:

„Es ist nun zu fragen, wie es zum modernen Verständnis der Virusnatur gekommen ist, wenn es sich aus den empirischen Fortschritten der Virusforschung allein nicht ergeben haben kann. Dazu sind weitere aufwendige Studien notwendig."

*Viren scheinen nach neuesten Erkenntnissen
keine Krankheitserreger, sondern die Vorläufer
von Bakterien und Zellen zu sein.
Das Masernvirus ist somit ein Eiweißkörper, ein normaler
Bestandteil des Lebens und der Zellen.*

Der Masernvirus-Prozess[59]

Dr. Stefan Lanka, Biologe und Virologe aus Deutschland, veröffentlichte im Internet ein Preisausschreiben, in dem er 100 000 Euro für eine wissenschaftliche Publikation aussetzte, in der die behauptete Existenz eines Masernvirus bewiesen wird.

Im fünfjährigen Masernvirus-Prozess bestätigte der Bundesgerichtshof in Karlsruhe am 1. 12. 2016 das unerwartete Urteil des OLG Stuttgart vom 16. 2. 2016. Am 1. 12. 2016 wurde im höchstrichterlichen Urteil bestätigt, dass das geforderte Preisgeld nicht ausbezahlt werden muss – unter anderem deshalb, weil die beigebrachten Studien nicht den geforderten Kriterien entsprachen, das Masernvirus zweifelsfrei zu definieren.[60]

Die Rolle des Robert Koch-Institutes (RKI), der obersten Gesundheitsbehörde in Deutschland, in diesem Prozess:[61]

Das RKI nimmt im Rahmen des Preisausschreibens Stellung und antwortet, dass Aussagen und Bilder zum Masernvirus und dessen Durchmesserbestimmungen auf internen, nicht veröffentlichten Studien beruhen. Weiter teilt das RKI mit, dass das Masernvirus Ribosomen[62] enthalte. RKI schreibt: „Masernviren zeigen wie andere Paramyxoviren keine präzise Größe, keinen präzisen Durchmesser. Sie messen 120–400 nm im Durchmesser und enthalten dann oftmals auch Ribosomen in ihrem Inneren."

Ribosomen und andere Zellbestandteile kommen jedoch per Definition in einem Virus nicht vor und würden laut Gutachter des Verfahrens die Behauptungen der Existenz eines Masernvirus widerlegen. Dies sei eine bedeutende Entdeckung, wenn sich diese Erkenntnis in der Fachöffentlichkeit durchsetzen könnte (laut Urteil, Ansatznummer 127).[63]

Das RKI wäre als Gesundheitsbehörde verpflichtet, aktuelle Studien zu Infektionen, Krankheiten und deren Vorbeugung zu veröffentlichen. Auf die Frage, wo denn eine Studie sei, in der das Virus wissenschaftlich nachgewiesen ist, antwortet das RKI sinngemäß: Wir haben diese Publikationen nicht. Wir brauchen sie auch nicht. Es ist Konsens, dass krankmachende Viren existieren. Und das reicht.[64]

Konsens bedeutet: Die einflussreichsten Wissenschaftler sind sich einig und haben *festgelegt*, dass es krankmachende Viren gibt und das Eindringen krankmachender Viren Krankheiten auslöst.

Im Urteil zu lesen (Ansatznummer 127) – der Gutachter: „Das begriffliche Verständnis des Virus ist durchaus im Fluss."[65] Im Fluss bedeutet, wissenschaftlich nicht definiert.

Was würde passieren, wenn die wissenschaftliche
Forschung eines Tages feststellen würde,
dass es keine „krankmachenden" Viren gibt?
Anfangs wäre der Teufel los. Eine große Unsicherheit
würde sich unter den Menschen verbreiten. Die etablierte
Medizin, die ihre Profite aus dem Vorhandensein
von „krankmachenden" Viren (Impfungen, antivirale
Medikamente, Antikörpertests) bezieht, würde revoltieren.
Auch, wenn sich herausstellen würde, dass Bakterien
uns dienen und nicht schaden. Die gesamte Denk- und
Herangehensweise der Antibiotikatherapie würde auf den
Kopf gestellt werden. Sie würden Maßnahmen setzen, um mit
Druck und Gewalt das alte System aufrechtzuerhalten. Sie
würden zum Beispiel überlegen, eine Impfpflicht für Masern
einzuführen. Später vielleicht andere regulative Maßnahmen,
um der Infektionslehre mit Giften und Gegengiften, Kampf
gegen ebendiese und Ansteckung gerecht zu werden.
Doch das gesamte Kartenhaus der Keimtheorie und die damit
in Verbindung stehende Impftheorie würden einstürzen.

Unser gesamtes Denksystem in der Medizin
ist auf den Kopf gestellt.
Das Virus als etwas Körpereigenes.
Nichts, was wir bekämpfen müssten.
Der Kampf gegen „etwas von außen" könnte enden.
Die Impftheorie müsste dringend überdacht werden.
Denken Sie über diesen Umstand nach. Machen Sie sich Ihr
eigenes Bild. Und vor allem: Erforschen Sie selbst,
was an diesen Aussagen wahr ist und was nicht.

Hier die sechs Studien, die Dr. David Bardens als Beweis für das Vorhandensein eines krankmachenden Masernvirus vorlegte:[66]

1. Enders, J. F. & Peebles, T. C. (1954) Propagation in tissue cultures of cytopathogenic agents from patients with measles. Proceedings of the Society for Experimental Biology and Medicine, 86(2): 277–286.
2. Bech, V. & von Magnus, P. (1958) Studies on measles virus in monkey kidney tissue cultures. Acta Pathologica Microbiologica Scandinavica, 42(1):75–85.
3. Nakai, M. & Imagawa, D. T. (1969) Electron microscopy of measles virus replication. Journal of Virology, 3(2): 187–197.
4. Lund, G. A., Tyrrell, D. L. J., Bradley, R. D. & Scraba, D. G. (1984) The molecular length of measles virus RNA and the structural organization of measles nucleocapsids. Journal of General Virology, 65: 1535–1542.
5. Horikami, S. M. & Moyer, S. A. (1995) Structure, transcription, and replication of measles virus. In: V. ter Meulen & M.A. Billeter (Eds) Measles Virus. Current Topics in Microbiology and Immunology, 191 (pp. 35–50). Springer: New York, Heidelberg.
6. Daikoku, E., Morita, C., Kohno, T. & Sano, K. (2007) Analysis of morphology and infectivity of measles virus particles. Bulletin of the Osaka Medical College, 53(2): 107–114.

Die Versuchsanordnung[67]

Zellen im Reagenzglas werden verhungert und vergiftet.

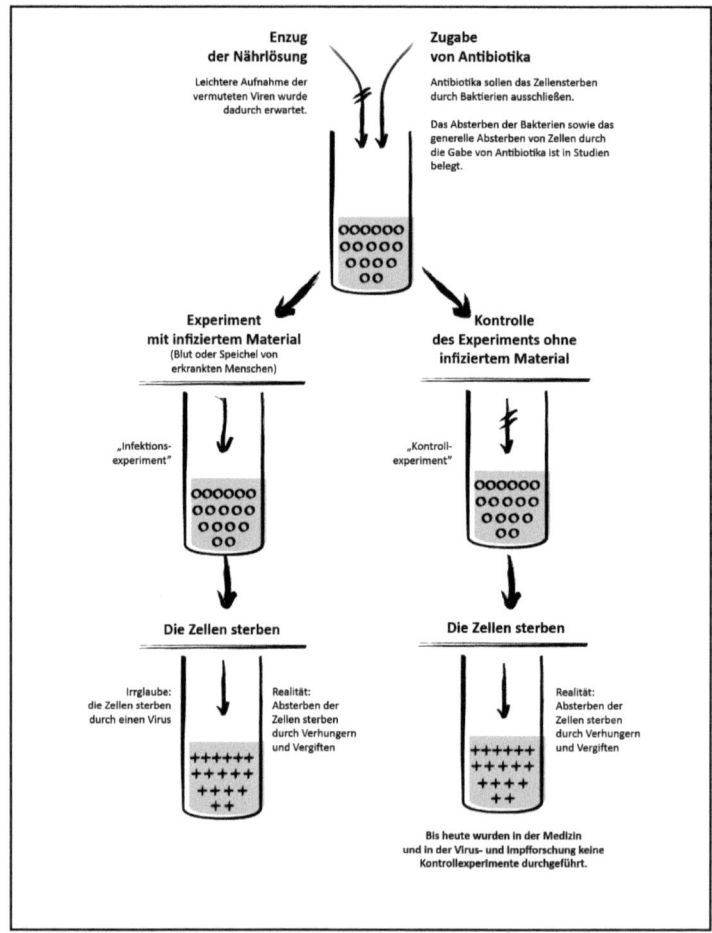

Keine dieser Studien bringt den vollständigen wissenschaftlichen Nachweis eines Masernvirus.

Enders stellte 1954 in der ersten Versuchsanordnung, um ein Masernvirus nachzuweisen, fest, dass Zellen im Reagenzglas durch vermutete Masernviren im Speichel und im Blut Erkrankter sterben. Das Sterben der Zellen war für ihn Beweis für die Anwesenheit und Vermehrung des vermuteten Masernvirus oder für das Wirken unbekannter Faktoren bzw. Viren in den Zellen. Er gab zu, dass seine Versuche im Reagenzglas mit den tatsächlichen Masern im Menschen nichts zu tun haben.[68] Enders bekam für diese Spekulation den Nobelpreis. Er und seine Kollegen vergaßen alle Zweifel und schufen die Basis für die Impfstoffentwicklungen. Bis zum heutigen Tag wird Enders' Studienprotokoll als Grundlage angewendet und die sterbenden Zellen im Reagenzglas werden als Impfstoffe verabreicht.[69] Im Laborexperiment hat Enders übersehen, dass die Zellen ungewollt ausgehungert und vergiftet worden sind und starben, schon längst bevor das Infektionsexperiment begann. Die Kontrollexperimente, die diesen Umstand vielleicht hätten aufdecken können, fehlten. Zellteile der sterbenden Zellen wurden isoliert, als Viren bezeichnet und damit fehlgedeutet.[70]

Das ist wohl die interessanteste und bewegendste Erkenntnis,
wenn es um das Thema Impfen geht:
Wissenschaftliche Studien können den kausalen Zusammen-
hang zwischen einem „krankmachenden" Virus und
iner dazugehörigen Infektion nicht zweifelsfrei bestätigen.
Die Bedeutung des Begriffes „Virus" ist
„im Fluss" und nicht exakt definierbar.
Stellen Sie sich vor, die Ursachen für Krankheiten
liegen ganz woanders?

Der Masern-Impfstoff

Woraus besteht jetzt eigentlich der Masern-Impfstoff? Könnte es sein, dass der Masern-Impfstoff exklusiv aus verhungerten und vergifteten Zellen besteht und gar keine „abgeschwächten Viren" enthalten sind? Könnte es sein, dass Aluminium und andere Adjutanten dem Impfstoff zugesetzt werden, um das Immunsystem zu dämpfen, damit sich keine Masern oder andere Symptome von Infektionskrankheiten mehr entwickeln können? Denn das macht Aluminium: Es unterdrückt Körperreaktionen. Ein blockiertes Immunsystem reagiert nicht mehr adäquat, erzeugt kein Fieber und keine akuten Symptome. Ein unterdrücktes Immunsystem fehlgedeutet als aktiviertes Immunsystem! Und könnte es weiter sein, dass durch dieses gestörte Immunsystem chronische Erkrankungen wie Allergien, Autoimmunerkrankungen und neurologische chronische Krankheiten erzeugt werden?

Dass einfach das gesamte Konzept des Impfens hinten und vorne nicht stimmt? Und dass wir so tun, als ginge es um Ansteckung, Viren und einen notwendigen Schutz durch Impfungen? Das Ganze ein großer Irrweg und eine Illusion?

Der Masernvirus-Test

Masern werden nur dann diagnostiziert, wenn der betroffene Mensch im Masernvirus-Test positiv reagiert. Je nachdem, wie diese unterschiedlichen Masernvirus-Testverfahren eingestellt sind, sind wenige, viele oder alle Menschen bei diesem Test „positiv" – unabhängig davon, ob sie gesund oder krank sind.[71]

Was testen wir, wenn es kein „krankmachendes" Masernvirus zu geben scheint?

Welche Antikörper messen wir, wenn es das Virus dazu nicht gibt?

Was bringt uns der Masernvirus-Prozess? – Wissenschaft im Fadenkreuz

Wissenschaftliche Experimente, Kontrollexperimente und deren Dokumentation ergeben Aussagen, die nachvollziehbar und überprüfbar sein und Vorhersagen ermöglichen sollten – die Vorgabe wissenschaftlichen Arbeitens. Im Rahmen des Masernvirus-Prozesses wurde vom RKI festgestellt, dass die wissenschaftlichen Grundlagen für einen Nachweis eines krankmachenden Virus und damit eine wissenschaftliche Grundlage für die gesamte Impftheorie nicht zusammenfassend beigebracht werden können. An die Stelle von Wissenschaftlichkeit ist Konsens getreten. Wissenschaft als Konsensprozess, somit ein sozialer Prozess und kein Wahrheitskriterium, sondern Zeichen einer von einer Mehrheit auf diesem Gebiet Arbeitender akzeptierten Meinung. Dabei werden andere und alternative Meinungen so lange ausgegrenzt, bis einer die Diskussion wiedereröffnet, einen Widerspruch formuliert, sich Gehör verschafft und gehört wird. Die Minderheitenmeinung wird als „unwissenschaftlich" bezeichnet, die konsensuelle Mehrheitsmeinung als „wissenschaftlich".[72] Historische Beispiele zeigen nur zu oft, wie oft Mehrheitsmeinungen falsch lagen. So ändern sich medizinische Dogmen in regelmäßigen Abständen. Das, was heute „state of the art" ist, kann morgen überholtes und veraltetes Wissen sein. So zum Beispiel: die Grundlagen einer Antibiotikatherapie, die Grundlagen der Malariaprophylaxe, die über viele Jahrzehnte behauptete Gefährlichkeit von gesättigten Fettsäuren im Vergleich zu ungesättigten Fettsäuren, die Beeinflussbarkeit von Cholesterin durch fettarme Ernährung, der regelmäßige Wandel und Zustand zu Beta-Blockern, die Interaktion von Wirt und Pathogen im Rahmen von Infektionen und das Festhalten an der Monokausalität usw. Entscheidende Veränderung des Mainstreamwissens kommt vom Rande des akzeptierten Establishments, von Minderheiten.

Eminenz statt Evidenz

In der Wissenschaft existiert nichts Fixes und Selbstverständliches, wie viele annehmen. Die Forschung fördert täglich Neues zutage. Die Frage „Ist denn das alles überprüft?" hilft, Fehlentwicklungen frühzeitig zu erkennen. Wissenschaft beruft sich nicht auf Wahrheit, sondern auf Diskurse, Kritik, Zweifel, komplexe Verhandlungen anhand von Publikationen. Häufiges Zitieren alter Publikationen, Übernehmen alten Wissens, das wohlwollende Übersehen von methodischen Schwächen, mächtige und einflussreiche Autoren, die Theorien stützen[73] – all das führt zu einem Konsens einer Mehrheit und führt zu einer „wissenschaftlichen Tatsache". Dieses Fakt, vor allem wenn es mehrere Jahrzehnte weitgehend akzeptiert wurde, ist schlussendlich kaum mehr anzweifelbar. Oder doch?

Hier sind eine unvoreingenommene Wissenschaft und Forschung gefordert, die unabhängig von monetären Einflüssen das Thema „Gibt es ‚krankmachende' Viren?" neu aufrollen müsste. Neue Studien sollten die Isolation des Masernvirus und anderer Viren durchführen und mithilfe von Kontrollexperimenten ein fragliches Virus elektronenmikroskopisch und biochemisch charakterisieren.

Das, was aber wahrscheinlicher sein wird: Wir gehen zur Tagesordnung über. Mahnende Stimmen werden verfolgt und verurteilt, Ideen für Forschung abseits des Mainstreams nicht finanziert.

„Zur Diskussion steht der Mehrheitskonsens, dass das, was bisher in der Wissenschaft geschah, ausreichend sei, um die Faktizität des Masernvirus zu belegen. Dies erscheint mir nach all dem, was ich bis jetzt gesehen habe, zweifelhaft zu sein", Prof. Harald Walach.

„Unter der Ansatznummer 122 des Urteils kommt das Oberlandesgericht (OLG) Stuttgart mit der Aussage zum Schluss, dass meine Berufung Erfolg hat, weil den Beweis der Existenz des Masernvirus durch eine wissenschaftliche Publikation zu führen durch den Kläger nicht erfüllt wurde",[74] Dr. Stefan Lanka.

„Es ist seit 1. 12. 2016, dem Tag der Bestätigung des Masernvi-
rus-Prozessurteils des OLGs Stuttgart durch den Bundesgerichtshof (BGH) deutsche Rechtsprechung, dass auch die erste Publikation des Nobelpreisträgers, John Franklin Enders und seiner
Kollegen aus dem Jahr 1954, keinen Beweis für die behauptete
Existenz des vermuteten ‚Masernvirus‘ darstellt. Was dieses Fak-
tum so bedeutend macht ist zum einen, dass diese Publikation die
einzige und exklusive Grundlage aller anderen ca. 30 000 ‚wissenschaftlichen‘ Publikationen zum Thema ‚Masernvirus‘, ‚Ansteckung‘ von Masern und ‚Schutzimpfung‘ gegen Masern ist.
Da jetzt Rechtsprechung ist, dass diese Publikation keinen Beweis für die behauptete Existenz des angenommenen Masernvirus enthält, steht fest, dass allen 30 000 Fachpublikationen zu
diesem Thema die Grundlage entzogen ist",[75] Dr. Stefan Lanka.

Doch wie steht es um die häufig postulierte Annahme, der Masernvirus-Prozess wurde aufgrund eines formalen Fehlers zugunsten von Dr. Stefan Lanka gewonnen?

- *Fakt ist, dass der Prozess gewonnen wurde, weil der gerichtlich beauftragte Gutachter feststellte, dass keine der 6 vorgelegten Publikationen für sich einen Beweis für die Existenz eines Virus enthält.*
- *Auch der Versuch des Gutachters, alle 6 Publikationen zusammen als Beweis für das Masernvirus darzustellen, wurde vom Oberlandesgericht Stuttgart ausdrücklich zurückgewiesen.[76] (Ansatznummer 39)*
- *Weiters wurde der Versuch des Gutachters, Kontrollexperimente (die es nie gegeben hat, Anm. des Autors) zum Ausschluss zelleigener Artefakte anstelle des Masernvirus in den Fachartikeln darzustellen, ebenfalls vom Gericht nicht anerkannt.[77] (Ansatznummer 39)*

Zusammenfassung: Kein formaler Fehler, sondern – soweit beurteilbar – kein wissenschaftlicher Nachweis eines kausalen Zusammenhangs eines „krankmachenden" Virus mit der Entstehung von Krankheiten weltweit bis zum heutigen Tag gelungen!

Fragen an die Ärztekammer Österreich und das Gesundheitsministerium, mit der Bitte um Klärung der Fragen, blieben bis heute unbeantwortet:

• Studien, die zweifelsfrei belegen, dass das Masernvirus und auch andere Viren nachgewiesen wurden – vollständige Reinigung, Isolierung und Bestimmung der biochemischen Eigenschaften, elektronenmikroskopische Eigenschaften.

• Studien, die zweifelsfrei belegen, dass das Masernvirus und auch andere Viren krankmachend sind.

• Studien, die einwandfrei belegen, dass Impfungen effektiv und wirksam sind.

• Studien, die einen eindeutigen gesundheitlichen Nutzen für Geimpfte gegenüber Nicht-Geimpften beweisen.

Virologen haben erkannt, dass Strukturen, die als Viren fehlgedeutet wurden, selbst leben und unsere Zellkerne daraus hervorgegangen sind.[78]

„Microbiology – ditch the term pathogen –
disease is as much about the host as it is the infectious agent."
„Mikrobiologie – vergessen Sie den Begriff pathogen –
bei der Krankheit geht es sowohl um das Milieu,
als auch um den Krankheitserreger."

Zitat im Magazin Nature[79]

Bakterien – Grundlage des Lebens und unserer Gesundheit – die Entdeckung der Mikrobiome

Heute beginnen immer mehr Molekularbiologen, Bakterien als Symbionten (unschädliche Mitbewohner der Gewebe), ja sogar als essenzielle Bausteine der Zellen zu verstehen. Schon *L. Pasteur* war aufgefallen, dass Bakterien je nach Säuregrad des Mediums ihre Form ändern. Bakterien sind demnach keine hoch entwickelten, ausgereiften Organismen wie Parasiten, die aus Milliarden von Zellen aufgebaut sind, sondern sie sind Einzeller, die sich in verschiedene Richtungen hin ändern und entwickeln können.

Mit der Entwicklung der Mikroskope entdeckte man die Bakterien, die vermehrt bei Infektionen auftraten. Nachdem 1929 das Penicillin entdeckt und bis heute immer mehr und immer weitere Antibiotika entwickelt wurden, muss eingeräumt werden, dass die schärfsten Waffen der etablierten Medizin Millionen von Leben gerettet haben und im Notfall unverzichtbar sind.

Der Antibiotikaeinsatz kann in fortgeschrittenen Stadien eines Infektionsverlaufes gerechtfertigt sein, in denen Symptomunterdrückung den körperlichen Zustand und körperlichen Abbau so weit fortschreiten ließen, dass akute Lebensgefahr besteht. Hier kann das Zurückdrängen der Bakterien, auch von Pilzen und Parasiten, und deren mikrobiellen Faktoren (PAMPs), die für die Entstehung des lebensbedrohlichen Zustandes verantwortlich sind, das blanke Leben retten.

Doch spätestens, wenn wir uns mit der Homöopathie eingehend beschäftigen, wird klar, dass auch Homöopathika, richtig eingesetzt, Infektionen erfolgreich behandeln können – ohne Nebenwirkungen, ohne Bakterien direkt umzubringen oder ihre Funktion zu stoppen, allein durch Regulation der körpereigenen Funktionen.

Nach dem Zweiten Weltkrieg erlangten die Antibiotika ihre volle Bedeutung. Seuchen wie Wundinfektionen und

Geschlechtskrankheiten schienen für immer aus der Welt geräumt zu sein. Von Wissenschaftlern wurde das Ende aller Krankheiten euphorisch proklamiert. Der Einsatz der Antibiotika nahm massiv zu. Niemand sollte mehr das Dogma infrage stellen, dass Bakterien und Viren die Verursacher von Krankheiten und Seuchen sind.

Inzwischen aber ist die Frage berechtigt, ob nicht die Kosten des massiven Antibiotikaeinsatzes höher sind als ihr Nutzen. Das Wissen über Bakterien ändert sich ständig. Sind die Mikroorganismen bis jetzt die Feinde des Menschen gewesen, die es zu bekämpfen gilt, kommen wir immer mehr dahinter, dass Bakterien für unser Leben notwendig sind. Geschätzt hat der menschliche Körper doppelt so viele Bakterien wie Körperzellen. Der Körper beinhaltet ca. ein Kilogramm Bakterien (!). Sie sind die größte Gruppe von Lebewesen auf Erden. Und die älteste. Entwicklungsgeschichtlich stellen Bakterien unsere Vorfahren dar. Mehrere Milliarden Jahre leben sie auf der Erde, sind sehr anpassungsfähig, vielseitig und keinesfalls so primitiv wie wir glauben. Sie sind die Vorfahren aller mehrzelligen Lebewesen. Chloroplasten, die kleinen, grünen Pflanzenzellen, die Sonnenlicht aufnehmen können, waren ursprünglich freilebende Mikroorganismen. Ebenso die Mitochondrien in menschlichen, tierischen und pflanzlichen Zellen, die Kraftwerke der Zellen.

Ohne Bakterien gäbe es kein Leben. Sie sind an der Energieproduktion und an der Vitaminproduktion beteiligt. Sie übernehmen im Rahmen immunologischer Prozesse Aufgaben im Immunsystem. Rinder und Schafe könnten Gras ohne Bakterien nicht verdauen. Sie sind an Abbauprozessen in der Natur beteiligt: Herbstlaub, Kot, tote menschliche und tierische Körper, Nekrosen (abgestorbenes Gewebe), krankes Gewebe. Sie sind am Abbau und Aufbau, Tod und Neuanfang beteiligt. Abgebautes totes Gewebe wird zu bestem Humus für neues Leben. Sie machen den Boden fruchtbar.

Mikrobiom ist ein Schlagwort geworden, das auf die Symbiose zwischen Mensch und Bakterien hinweist. Im weiteren Sinne ist die Gesamtheit der Mikroorganismen der Erde gemeint, die

die Erdkruste, die Gewässer und die Erdatmosphäre besiedeln. Im engeren Sinne meint Mikrobiom die Gesamtheit von Mikroorganismen, die mehrzellige Lebewesen natürlich besiedeln. In manchen Bereichen wissen wir über die Funktion von Bakteriensystemen Bescheid, wie zum Beispiel im Darm, im Mund, der Nase, den Nasennebenhöhlen, dem Rachen, auf der Haut oder im gynäkologischen Bereich. Die Darmflora ist an der Verdauung beteiligt und liefert wichtige Substanzen, wie Vitamine,an unseren Organismus. Doch auch in der gesunden Lunge wurden Bakterien gefunden, wo man lange Zeit davon ausging, dass die Lunge steril sei.

In der Auseinandersetzung mit Bakterien passiert etwas Merkwürdiges: Sehen wir Entzündungen oder Eiter im Körper, erzählen wir uns, dass diese Bakterien „pathogen" seien, also krankmachend. Sie sollen von außen kommen und den Körper angreifen. Wenn wir den Ausführungen gefolgt sind, können wir jedoch erkennen, dass auch Eitererreger „Freunde" sind. Sie werden durch eine Entzündung im Körper angelockt und erfüllen ihre Aufgabe im Rahmen des Abbaus von abgestorbenen Zellen und Gewebe. Eiter ist eine Mischung aus toten Zellen, Bakterien, Abwehrzellen und Enzymen, die das Gewebe einschmelzen und danach abbauen. Die Bakterien verschwinden im selben Augenblick, wie ihre Aufgabe erfüllt ist. Der lateinische Satz „Ubi pus, ibi evacua" – „Dort, wo Eiter ist, entleere ihn" – weist auf die Aufgabe des Chirurgen hin, die natürliche Funktion des Eiters, nämlich abgestorbenes Gewebe aus dem Körper zu eliminieren, zu unterstützen.

Für alle Bakterien gilt: Veränderung bzw. Schädigung des Milieus führt zur bakteriellen Aktivität und diese wiederum zur Heilung.

Mikrobiologen der New York University School of Medicine und der Grazer Universität haben in jüngster Vergangenheit erkannt, dass sogenannte „pathogene" Keime wie Helicobacter pylori, eines der ältesten Bakterien dieser Erde sind und im Körper natürliche Funktionen erfüllen. Die radikale Eliminierung mit Antibiotikakuren und das geringere Vorhandensein von Helicobacter pylori haben zur Folge, dass Asthma verstärkt auftreten kann. In den Gesellschaften, wo Helicobacter verstärkt auftritt, zeigen Kinder weniger Asthma.[80] Helicobacter pylori nimmt Einfluss auf die Lunge, die Darmflora und das Hormonsystem und hat Auswirkungen auf das Immunsystem.[81]

Die Nebenwirkungen von Antibiotika

Die wohl wichtigste Nebenwirkung ist in einer Studie bestätigt: Antibiotika töten Bakterien UND gesunde Körperzellen.[82 83] Körperzellen sterben ab und rufen Pilze und andere Mikroorganismen auf die Bühne, die die abgestorbenen Zellen abbauen sollen. Daher ist die Pilzinfektion die logische und natürliche Folge einer Antibiotikagabe. Wir geben aber Antibiotika gegen Pilze (Antimykotika) und verhindern weiter den Abtransport abgestorbener Zellen im Körper.

Durch das Einwirken mehrmaliger und häufiger Antibiotikagaben auf die Bakterien wird die innere Ökologie des Körpers – die Darmflora, die Scheidenflora usw. – verändert. Autoimmunerkrankungen und Allergien sowie anderen chronischen Erkrankungen wie chronischen Darmentzündungen, Multiple Sklerose und Krebs sind damit Tür und Tor geöffnet.

Dürfen Bakterien ihre Aufgabe nicht erfüllen, ändern sie ihre Qualität und werden „aggressiver", um eine Homöostase wiederherzustellen. Wir nennen das Superinfektionen und meinen, Bakterien, die aggressiv sind, kämen von außen auf uns zu. Doch es ist wieder ein innerer Prozess des Versuchs, Harmonie herzustellen. Superinfektionen sind therapieresistenter.

Die anscheinende Unmöglichkeit einer wissenschaftlichen Beweisführung für ein „krankmachendes" Virus und die neuen Erkenntnisse um die Bakterien herum führen wieder zu den praktisch gewonnen Erfahrungen zurück:

Nicht Viren, Bakterien und Pilze sind die Verursacher von Krankheiten, sondern

- *der psychisch-emotionale Zustand eines Menschen,*
- *die zunehmende Trennung der menschlichen Natur von der Natur selbst: Sonne, frische Luft, Tag-Nacht-Rhythmus, die Jahreszeiten, die unterschiedliche Dynamik der Lebensphasen, Balance von Aktivität und Ruhephasen, natürlich belassene Nahrungsmittel usw.,*
- *Vergiftungen – chemische Medikamente (Chemotherapie, Impfungen, Cortison, Antibiotika, Fiebersenker usw.), Umweltgifte, Schwermetalle, Nahrungsmittelgifte,*
- *Unterkühlung, „Erkältung".*

Ganzheitsmediziner, Naturheilkunde, holistische Medizin, „alternative" Medizin:
Es wurde im Grunde das bestätigt, was alle erfahrenen (Ganzheits-)Mediziner immer schon wussten: dass es nichts von außen ist, was uns krankmacht, sondern dass es unser Milieu ist, unser Lebensstil, unsere Lebensgeschichte. Aber hier erhält diese Erkenntnis noch einmal eine ganz andere Dynamik, wenn es um wissenschaftliche Beweise geht, die in unserer Zeit so nachdrücklich gefordert werden: Es gibt sie nicht! Zu allen 6 Publikationen übrigens gab es keine Kontrollstudien.

Wogegen impfen wir,

- *wenn Bakterien Teil unseres Lebens sind und an immunologischen Reaktionen des Körpers beteiligt sind, also unsere Freunde sind?*
- *wenn es wissenschaftlich keinen Beweis eines krankmachenden Virus gibt?*
- *wenn Wissenschaftlichkeit einem Konsens gewichen ist?*
- *wenn Kontrollexperimente und Doppelblindstudien fehlen?*
- *wenn das alles gar nicht überprüft ist, von dem wir ausgehen, dass es überprüft ist?*

Die Entwicklung einer neuen Seuche – ein Märchen

Lassen Sie uns hier eine neue Seuche entwickeln. Wir könnten eine neue Viruserkrankung erfinden und uns fragen, ob denn nicht Adipositas, Übergewicht, eine Erkrankung ist, die durch ein Virus ausgelöst ist. Wir haben eine Hypothese entwickelt und überprüfen sie: Wir nehmen eine Zellpopulation, geben sie in ein Reagenzglas, entziehen den Zellen ihre Nährflüssigkeit, damit sie empfänglicher für „Viren" werden, und geben Antibiotika dazu, um eine bakterielle Beteiligung der Krankheit auszuschließen. Wir nehmen Blut von betroffenen Menschen ab und fügen sie zur Zellpopulation hinzu und schauen, was mit den Zellen passiert. Wir registrieren: Die Zellen im Reagenzglas sterben ab. Wow! Unsere Hypothese erhärtet sich: Im Blut von Übergewichtigen befinden sich „Viren", die krankmachen und Zellen zum Absterben bringen. Fantastisch. Wir sind der Ursache der Adipositas auf der Spur: Es handelt sich dabei um eine Infektion, und ein Virus ist daran beteiligt. Ja, wir haben ein Virus entdeckt, das Adipositas auslöst, und wir könnten das Virus ADW11 nennen – **AD**ipositas in **W**ien entdeckt im Monat November (**11**). Das wird auch unser neuer Impfstoff. Wir impfen diesen Impfstoff: abgestorbene Zellen aus dem Reagenzglas mit dem „infizierten" Blut und den darin hypothetisch angenommenen „Viren". Ein Zell-Cocktail, Zelljauche (Jauche – „eine Flüssigkeit von extrem schlechter Qualität") gemischt mit allerlei Begleitstoffen, um ihn zu „aktivieren". Wir verabreichen diesen Cocktail, der aus Eiweißkörpern besteht, und spritzen ihn als Impfung. Der Mensch reagiert, wenn er Eiweißkörper injiziert bekommt. Die „Zelljauche" wird eine immunologische Reaktion im Körper auslösen. Er wird Fieber und andere Symptome und Immuneiweißkörper entwickeln, weil das Immunsystem das einfach macht, wenn es mit fremdem Eiweiß konfrontiert wird. Wir haben nun Eiweißkörper, die entstehen, wenn die „Zelljauche" verabreicht wird. Die Eiweißkörper, die am stärksten gebildet wurden, werden selektioniert. Das ist nun unser „Antikörper" gegen das ADW11-Virus. In Wirklichkeit haben wir einen allgemeinen Immuneiweißkörper und sagen: Der ist spezifisch für das Adipositas-Virus. Wir haben also einen Impfstoff, haben auch schon einen Antikörper dazu und können nun Antikörpertests herstellen. Und Patienten können zum Antikörpertest gehen und prüfen, ob sie ADW11-positiv sind. Sind sie ADW11-positiv, werden wir Folgendes sagen: Sollten Sie übergewichtig sein, dann wissen Sie die Ursache. Es ist nicht die Ernährung, sondern ein Virus. Sind Sie schlank, sind Sie Virusträger; wir führen jetzt die Inkubationszeit ein und sagen: Sie könnten in zehn Jahren Adipositas bekommen. Impfen wäre die einzige Möglichkeit, Sie davor zu schützen. Wenn Sie übergewichtig sind und nicht auf diesen „Antikörper" ansprechen, dann sind Sie Non-Responder. Wir bestimmen Antikörpertiter und sagen: Wenn Sie einen hohen Antikörpertiter haben, also viel von diesem Eiweißkörper in sich tragen, dann sind Sie geschützt vor der Virusinfektion, Sie werden keine Adipositas bekommen. Wir könnten es aber auch umdefinieren, wie wir gerne wollen – so wie bei HIV und AIDS – und sagen: Wenn Sie einen hohen Antikörpertiter haben, also ADW11-positiv sind, dann sind Sie erkrankt und gefährdet, mit allem, was Übergewicht mit sich bringt. Wir stellen ein Medikament her und nennen es vielleicht Anti-Adipos-Statikum, also AAS. So wie bei HIV könnten wir chemische Medikamente einsetzen. Wir töten dieses „Virus" im Körper. Nach ein paar Jahren erkennen wir: Die Nebenwirkungsrate ist so hoch, dass Sie vielleicht an dem AAS gestorben sind. Wir wechseln das Medikament und entwickeln eine 3er-Kombination und verkaufen drei Medikamente, um ja keine Todesfälle zu erzeugen und um Adipositas zu verhindern. Wir haben nun ein Virus, einen Impfstoff, einen Antikörper, Antikörpertests, können Antikörpertiter bestimmen und haben Medikamente, die das „Virus" umbringen – alles aus einer Hand. Wir führen Werbekampagnen durch und verkaufen eine Geschichte vom ADW11-Virus.

Ein Märchen – könnte es sein, dass wir uns dieses Märchen über alle sogenannten Viruserkrankungen erzählen?

Inhaltsstoffe der Impfungen

Die Inhaltsstoffe in Impfungen dienen als Konservierungsmittel und Hilfsstoffe und stellen Zusätze bzw. Rückstände dar.

Hier eine Aufzählung der Inhaltsstoffe, die keine Garantie auf Vollständigkeit besitzt:

Adjumer
Adju-Phos
Äther
Algal-Glucan
Algammulin
Aluminiumhydroxid
Aluminiumphosphat
Aluminiumsulfat
Aminosäuren
Antibiotika
Antigen Formulation
Avridine
BAY R 1005
Calcotriol
Chlortetracyclin
CRL 1005
Liposome
DDA
Dextrose
DHEA
DMPC
DMPG
Murapalmitine
Alum-Komplex
Ethanol
Formaldehyd
Formalin
Freund's (In)Complete Adjuvant
Gamma Inulin
Gelatine
Gentamycin
Gerbu Adjuvant
Glucose

Glutamat
Glycin
GM-CSF
GMDP
Hämagglutinin
Harnstoff
Humanalbumin
Imiquimod
ImmTher
ImmunoLiposom
Interferon
Interleukin
ISCOM
Iscoprep
Kaliumchlorid
Kalziumphosphat
Lactose
Loxoribine
LT-OA
Mannitol
Medium199
MF 59
Montanide ISO 51, 70
MPL
MTP-PE
Murametide
NAGO
Natriumborat
Natriumchlorid
Natriumphosphat
Neomycin
Non-Ionic Surfactant Vesicles
Peptide
Pepton

Pertactin
Phenol
Phenoxyethanol
Pleuran
Pluronic
PMMA
PODDS
Polygelin
Polymyxin
Polysorbat 20, 80
Protein Cochleates
Purine
Pyrimidin
QS-21
Quecksilber
Quil A
Rehydragel HPA
S-28463
Saccharose
SAF-1
Sclavo Peptide
Sorbitol
Span 85
Specol
Squalane
Stearil Tyrosin
Streptomycin
Theramid
Thiomersal
Threonyl-MDP
Ty Partikel
Virosomen
Walter Reed Liposomen

Aluminium

Aluminium löste Quecksilber als Inhaltsstoff in Impfstoffen fast zur Gänze ab. Beide Metalle haben die gleiche Aufgabe in Impfungen: eine Immunreaktion des Körpers überhaupt erst zu ermöglichen, diese zu verstärken und im Gleichgewicht zu halten. Aluminium und Quecksilber (Thiomersal) im Impfstoff spielen eine zentrale Rolle bei der Entwicklung von Nebenwirkungen und Schädigungen. Die Wirkungsweise von beiden Metallen ist ähnlich.

Viele Bücher schreiben über Inhaltsstoffe. Sollten Sie sich mehr darüber informieren wollen, machen Sie sich auf die Suche in der mittlerweile großen Bibliothek der kritischen Impfliteratur.

Hier einige Worte zum Thema Aluminium, um eine Idee zu bekommen, was die Wirkung dieses Metalls im Körper sein könnte, wenn es in Umgehung des Magen-Darm-Traktes in die Blutbahn injiziert wird und dort auf direktem Weg in die Organe und das Gehirn transportiert wird.

Aluminium in Impfstoffen

Das Thema Aluminium ist selbst zu einem sensiblen Thema geworden. Kritik an diesem Stoff wird häufig gleichgesetzt mit Kritik am Impfen.

Für Studien, die Aluminium und Gesundheit weiter untersuchen sollen, gibt es keine Forschungsgelder. Die Angst, durch kritische Ergebnisse seitens der Forschung und Wissenschaft Impfkritikern Munition zuzuspielen, ist groß. Man will in diesem ideologischen Krieg nicht an eigenen Ästen sägen und Karriere, Ruf und Gelder in Gefahr bringen. Das Thema Impfen und Aluminium ist längst zu einer Religion erhoben worden. Der größte Hemmschuh der Wissenschaft liegt dabei nicht bei den Studienergebnissen und den Teilnehmern, sondern beim Wissenschaftler selbst. Unangenehme Resultate werden ausgeblendet und nicht zugelassen, um eigene Einstellungen nicht ändern zu müssen.

Allgemeines

Aluminium gilt als das „dirty little secret" der Impfstoffhersteller und es ist in Wirklichkeit nicht genau bekannt, wie Aluminium in Impfungen wirkt.

Aluminium, Mensch und Umwelt

Dr. Christopher Exley ist Umwelt-Toxikologe und Professor für anorganische Chemie an der Keele Universität in Staffordshire, England: „Bis Ende der 80er-Jahre kam es durch den sauren Regen zum Baumsterben und Fischsterben. Wir gehen davon aus, dass Aluminium die Ursache für das Sterben war. Die vermehrte Säure löste Aluminium aus dem Boden. Dabei wird ganz wenig Aluminium herausgelöst, genug aber, dass Fische sterben. Aluminium beeinflusst alle Lebewesen, insbesondere den Menschen."[84]

Exley: „Es ist schwierig, reines Aluminium in Metallform aus dem Boden zu extrahieren. Bauxit enthält so viel Aluminium, dass sich der Abbau lohnt, um Aluminium zu gewinnen. Die größten Bauxitminen kommen im Regenwald von Nord-Brasilien, Westafrika, Australien, Indien und Jamaika vor. Porto Trompetas in Brasilien ist eine der profitabelsten Minen der Welt. Es wird im Tagbau abgebaut. Bauxit liegt dabei nur 6 m unter der Erdoberfläche des Regenwaldgebietes. Jedes Jahr wird in Porto Trompetas der Umfang von 250 Fußballfeldern Regenwald geschlägert, um Bauxit abzubauen."

Die Aluminium-Arbeiter in Brasilien entwickeln chronische Krankheiten – brüchige Knochen, extreme Erschöpfung, Männer werden mit Anfang 30 in Pension geschickt.

In Camelford, England, im Jahr 1988, ereignete sich eine der schwersten Trinkwasservergiftungen in der Geschichte Großbritanniens, nachdem mehr als 20 Tonnen Aluminiumsulfat aus einer aluminiumverarbeitenden Fabrik in die Wasserversorgung gerieten. Tote Fische, blaues Wasser beim Kopfwaschen, Arthritis, Blackouts, Orientierungslosigkeit, Erschöpfung, Gehen, Sprechen, Denken und kontrollierte Handlungen sind erschwert möglich, Gedächtnisstörung, Epilepsie und unklare Todesursachen waren die Folge.

Die Aufnahme von Aluminium

Der Großteil des Aluminiums der üblicherweise in Lebensmitteln aufgenommenen Menge wird unresorbiert über den Kot ausgeschieden. Man schätzt, dass 1 ‰ (Promille) oder weniger des in der Nahrung beziehungsweise im Trinkwasser enthaltenen Aluminiums im Magen-Darm-Trakt absorbiert wird.[85]

Das gesamte Aluminium in Impfungen jedoch gelangt zu 100 % in den Körper, indem die Aufnahme über eine Spritze in den Muskel erfolgt und der Magen-Darm-Trakt umgangen wird.

Die folgenden Zitate sind dem Film *The Age of Aluminium* by Bert Ehgartner, zu Deutsch *Die Akte Aluminium*, entnommen. Die Zeitangaben beziehen sich auf die englische Version des Filmes.

Aus dem Film: *Aluminiumhydroxid wird in vielen Kosmetika und Medikamenten verwendet. Es verwandelt Flüssigkeiten in ein Gel, es verstärkt die Wirkung von Impfungen und verursacht Allergien in Tierversuchen.*[86]

Dr. Christopher Exley ist Umwelt-Toxikologe: „Wir haben keine Hinweise, dass Aluminium vom Bakterium bis hin zum Menschen irgendeinen Benefit im biochemischen Sinne hat."

Aluminium wird von keinem Lebewesen verwendet und ist nicht notwendig für biologische Funktionen.

Aluminium hat Auswirkungen auf die Nierenfunktion und führt zu Anämie und Veränderung am Knochen (Osteoporose, Knochenbrüche, Arthritis). Doch in erster Linie kommt es zu Ablagerungen im peripheren und zentralen Nervensystem. Aluminium führt hier zu Blackouts, Gedächtnisstörungen und Sprechstörungen, Koordinationsstörungen, Lähmungen, Erblindungen, Antriebslosigkeit, Orientierungslosigkeit, Aggressivität und zu fortschreitender Demenz durch den Untergang von Hirnzellen.[87]

Aluminium und Brustkrebs

Dr. Philippa Darbre, Forscherin an der Universität Reading in England, erforscht die Ursache von Brustkrebs: Sie untersuchte Aluminium in Kosmetika und den Zusammenhang von Aluminium und der Entstehung von Krebszellen. Sie fand Aluminium in Minimaldosen in Krebszellen der Brust. Darbre: „Untersuchungen zeigten, dass Aluminium im Reagenzglas ermöglichte, normale Zellen in Krebszellen zu verwandeln." Darüber hinaus zeigte Darbre, dass die Anwesenheit von Aluminium die Metastasierung von Krebszellen förderte. „Aluminium scheint Krebszellen und die Bewegung von Krebszellen zu beeinflussen." (The Age of Aluminium, by Bert Ehgartner, Kino/Youtube.com: 14:30 min)

Darbre weiter: Aluminium als Gefahr für die Gesundheit sei eine in der Fachwelt zunehmend verbreitete Meinung. (1:20:23 min)

Aluminium und Allergien

An der Wiener Universität wird der Einfluss von Aluminium auf die Entwicklung von Allergien im Tierversuch untersucht. Dabei werden Nahrungsmittelallergien, Neurodermitis, Asthma und andere Allergien untersucht.

Prof. DDr. Isabella Pali-Schöll, tätig in der Allergieforschung und Nutritional Immunology: „Aluminium wird standardmäßig zur Erzeugung von Allergien in Modellversuchen verwendet. Aluminium, insbesondere Aluminiumhydroxid, ist eine ideale Substanz, um Allergien im Tiermodell auszulösen."(25:40)

Univ.-Prof. Dr. Erika Jensen-Jarolim, tätig in klinischer Immunologie und Allergieforschung: „Wir haben die wichtigsten Nahrungsmittelallergene herausgegriffen und konnten zeigen, dass mit Aluminium als einem Hilfsstoff (Adjuvans) Nahrungsmittelallergien entstehen können. So gesehen kann man die gesamte Küche hernehmen, mit dem Hilfsstoff Aluminium versehen und Nahrungsmittelallergien induzieren." (26:02 min)

Die Allergien besonders bei Kindern steigen rapide an, wenn die Mutter in der Schwangerschaft aluminiumhaltige Medikamente einnahm. (26:47 min)

Dialyse und Aluminium

Univ.-Prof. i. R. Dr. Herwig Holzer, Nephrologe an der Universität Graz, machte eine beunruhigende Beobachtung in Dialysestationen in der ganzen Welt: „In den 70er-Jahren beobachteten wir schwere neurologische Fälle mit schweren Ausfallserscheinungen, Sprachstörungen und Bewegungsstörungen. Sie entstanden besonders bei jungen Menschen und zeigten schlaganfallsähnliche und alzheimerähnliche Beschwerdebilder."(1:11:00) Nach langen intensiven Untersuchungen wurde das Problem in neuen Medikamenten für Nierenerkrankte entdeckt. Sie enthielten Aluminiumhydroxid.

Morbus Alzheimer

Andre Picot, Biochemiker: „Aluminium ist ein aggravierender Faktor für die Entstehung von Alzheimer. Aluminium schafft ein doppelt so hohes Risiko, mit 60 Jahren Alzheimer zu entwickeln." (1:13:56 min).

Exley: „Wir wissen nicht, ob Aluminium die Entwicklung von Alzheimer unterstützt oder die Ursache von Alzheimer ist. Doch es ändert nichts an der Tatsache, dass Aluminium neurotoxisch ist und im Zusammenhang mit Alzheimer deutlich vermehrt auftaucht. Keiner hat etwas anderes als Ursache bisher gefunden." (1:17:08 min)

Exley: „Ich bin überzeugt, dass Alzheimer ohne Aluminiumeinfluss entsteht. Aber würde Alzheimer bei so vielen jungen Menschen bereits bestehen? Würde die Krankheit ohne Aluminium so aggressiv sein? So einschränkend? Das Leben würde nicht so erbärmlich sein, wenn Sie Alzheimer diagnostiziert bekommen." (1:19:38 min)

Muskelerkrankungen und Aluminium

Romain Gherardi, Neuropathologe: „Schmerzen in Muskeln, Schwäche, sehr starke und nachhaltige Schwäche und Erschöpfung, kein erholsamer Schlaf, kognitive Störungen. Wir haben in den Muskelbiopsien unerklärlich hohe Mengen an Makrophagen gefunden. Diese enthielten unbekannte Stoffe, bis wir herausfanden, dass es Aluminium war." (1:21:57 min)

Aluminium und Impfung[88]

Aluminium – das „schmutzige Geheimnis" (The dirty little secret) der Impfstoffhersteller, Bert Ehgartner, www.wir-impfen-
nicht.eu: „Aluminium befindet sich in Impfungen als Wirkver-
stärker. Keiner weiß, wie Aluminium die Impfungen wirksamer
macht (1:22:39 min) und was mit dem Aluminium im menschlichen Körper passiert, nachdem es injiziert wurde."

Bert Ehgartner: „… Exley, ein Umwelt-Toxikologe, der seit 30
Jahren die Auswirkungen von Aluminium erforscht, sagt, dass
Aluminium in den Muskel gespritzt wird und dort durch die Injektion ein Gewebeschaden entsteht. Zellen sterben und Alarmsi-
gnale werden ausgestoßen. Der gesamte Organismus wird durch
Aluminium in eine Alarmsituation versetzt. Bakterienteile lösen
nun eine Immunreaktion aus, doch Aluminium allein löst die
gleiche Reaktion aus! Wir wissen, dass Aluminium Tieren ge-
füttert wird und Nahrungsmittelallergien auslöst. Werden Mäusen Erdnüsse gemeinsam mit Aluminium verabreicht, werden die
Mäuse allergisch gegen Erdnüsse. Das Immunsystem wird mithilfe von Aluminium auf ein bestimmtes Eiweiß sensibilisiert,
das als Fremdkörper wirkt. Das Immunsystem wird darauf einge-
übt. Wird gemeinsam mit Birkenpollen, die gerade fliegen, eine
FSME-Impfung verabreicht, die Aluminium enthält, kommt es
zur Sensibilisierung auf Birkenpollen, und schon haben Sie eine
Allergie auf Birkenpollen. Antibiotika, Fiebersenker, Cortison
und Impfungen können das Immunsystem manipulieren und
stellen wichtige Faktoren in der Entwicklung von Allergien dar."
    Gherardi: „Wir glaubten, dass Aluminium mit dem Urin nach
Impfungen ausgeschieden wird. Doch das war nicht der Fall. Was
passiert also mit dem ganzen Aluminium im Körper?" (1:23:10 min)
    „Makrophagen konnten Aluminium nicht abbauen, nur auf-
nehmen. So bleibt Aluminium im Körper. Aluminium zirku-
liert im Körper, lagert sich in den verschiedenen Organen ab,
der Milz, der Leber, um sich schließlich langsam im Gehirn ab-
zulagern." (1:24:02 min)

Kongress über Autoimmunerkrankungen in Grenada, Spanien, 2012

Grenada, Spanien, Mai 2012: Kongress für Autoimmunerkrankungen. Es war der größte Autoimmunkongress, den es je gegeben hat, mit 2 300 Teilnehmern. Yehuda Schoenfeld, Immunologe, war Präsident des Kongresses. Das erste Mal überhaupt wurde ein Großteil des Kongresses den Effekten von Aluminium als Adjuvans in Impfungen gewidmet. (1:24:29 min)

Es gab drei Beitragsreihen zum Thema Aluminium als Adjuvans, als Begleitstoff von Impfungen.

Schoenfeld: „Für viele, die diese Beitragsreihe besuchten, war das über Aluminium Gehörte eine neue Information. Unsere Aufgabe als Organisatoren ist es, Neuigkeiten auf diesem Gebiet zu verbreiten, denn wenig Wissen ist gefährlich." (1:26:28 min)

Aus dem Kongressbericht: „Der Kongress kam zu dem Schluss, dass die Impfstoffhersteller in die Forschung von aluminiumfreien Impfstoffen investieren sollten. Doch die EU-Behörden sehen keinen dringenden Bedarf zu handeln." (1:26:41 min)

Das Schlusswort des Films:

Exley: „Die Büchse der Pandora ist geöffnet. Aluminium wurde entlassen. Die ersten Hinweise sind nicht großartig. Wir müssen das Problem lösen. Wir müssen herausfinden, wie wir im Aluminium-Zeitalter leben können. Aluminium wird nicht in naher Zukunft verschwunden sein. Wir haben uns auseinanderzusetzen mit den Konsequenzen von Aluminium für den Körper und den Krankheiten, die möglicherweise mit Aluminium in Verbindung stehen." (1:28:51 min)

Machen Sie sich selbst ein Bild über den Inhaltsstoff Aluminium. Aus Deodorants entfernen wir Aluminium mit dem Hinweis, es könnte Brustkrebs fördern. In Impfungen lassen wir uns dieses Metall direkt in den Muskel und die Blutbahn spritzen. Wollen Sie das wirklich?

Auch die aluminiumfreien Impfstoffe enthalten Aluminium – in einer Konzentration, die nicht deklarationspflichtig ist.

Mikro- und Nanopartikel-Schädigung durch Impfstoffe – zelldurchdringend, erbgutschädigend, Risiko unkalkulierbar

Nanopartikel sind äußerst klein und der Name bezieht sich auf die Größe der Partikel: 1 nm = 1 Millionstel Millimeter

Nanoteilchen besitzen spezielle chemische und physikalische Eigenschaften, die deutlich von denen von Festkörpern oder größerer Partikel abweichen. Dies sind unter anderem: höhere chemische Reaktivität, zunehmende Bedeutung von Oberflächenladung sowie thermodynamische Effekte, geringer Einfluss von Massenkräften usw.[89]

Nanoteilchen werden schon seit vielen Jahren in der Kosmetik, Chemie und Technik eingesetzt. Sie werden in der Elektronik eingesetzt und finden Einsatz in Materialien wie Beton, Fassadenputz und in Dachziegeln, wo sie das Algenwachstum verhindern. Etliche kosmetische Produkte wie Sonnencremes, Deodorants und Zahnpasten enthalten Nanopartikel, wie Titandioxid (E 171) und Aluminiumoxid. Auch Lebensmitteln werden Nanopartikel beigesetzt. In Tomaten-Ketchup dient das Nanopartikel Siliziumoxid (E 551) als Verdickungsmittel, ebenso als Trennmittel in Gewürzen. Titandioxid wird zur Aufhellung von Salatdressings verwendet und Aluminiumsilikat wirkt der Verklumpung pulverförmiger Lebensmittel entgegen. Im Oktober 2009 warnte das deutsche Umweltbundesamt vor Gesundheitsgefahren, die aus dem industriellen Einsatz von Nanotechnologie in Nahrungsmitteln, Kleidungsstücken, Kosmetika und anderen Produkten resultieren können (Studie des Umweltbundesamtes – Meiden Sie die Nanoteilchen!, 21. November 2009). Im militärischen Bereich wird die Nutzung von Nanopartikel ebenfalls erforscht. So sind beispielsweise kleine, eingebaute Rechner in Waffen oder Uniformen denkbar und auch das Implantieren von Nanotechnik in die Körper von Soldaten beispielsweise zur Kommunikation, Überwachung oder der Abgabe von Medikamenten. Filme wie „Black Mirror" könnten somit zur gelebten Realität werden. In der Umwelttechnologie finden Nanos schon länger Verwendung. Die Entsorgung von Stoffen, die Nanopartikel enthalten, ist für die Zukunft jedoch mit einem Fragezeichen versehen.

Mehr und mehr nehmen Nanoteilchen Einzug in die Medizin. Nanos zur Bildung von künstlichen Knochen, zur Anwendung in der Krebstherapie und zur Überwindung der Blut-Hirn-Schranke usw. sind bereits im Einsatz.

Mittlerweile enthalten viele Impfstoffe Nanopartikel, die am Beipacktext nicht deklariert werden. Sie sind so klein, dass sie vom Körper nicht zwischen fremd und eigen unterschieden werden. Nanopartikel sind sehr stabil im Körper, durchdringen die Zellwand und zerstören Zellen über einen längeren Zeitraum. Die Globulin-Konzentration steigt im Körper als Abdichtsubstanz an und kann als gesteigerte Antikörperproduktion fehlgedeutet und als Schutz vor frei erfundenen, krankmachenden Erregern behauptet werden.[90] Nanopartikel, einmal in den Körper eingebracht, wandern unter Zerstörung der Zellen an Orte mit hohem Energie- und Stoffwechselbedarf, vor allem das Gehirn und das periphere Nervensystem. Die Zellzerstörung zeigt sich als unspezifische Entzündungsreaktion. Gewebeverhärtung, Organversagen und unvorhersehbare Veränderungen am Gehirn können die Folge sein.[91]

Nebenwirkungen durch den Einsatz von Nanos sind weitgehend unerforscht und unabsehbar. Im Jahr 2009 gelang Klinikern der Nachweis, dass eingeatmete Nanopartikel beim Menschen schwere Schäden in der Lunge auslösen und zum Tod der Patienten führen können. Die Publikation dürfte Umweltmediziner weltweit vor neue Herausforderungen stellen.[92]

2017 wurden in 44 Impfstoffen in Frankreich und in Italien ungewöhnliche, nicht deklarierte Nanopartikel entdeckt.[93] Die Studie der italienischen Forscher Antonietta M. Gatti und Stefano Montanari[94] beschreibt das geheime Vorhandensein von Mikro- und Nanopartikeln in Impfstoffen, die aus anorganischen Elementen zusammengesetzt sind. Sie werden nicht als Inhaltsstoffe in den Beipackzetteln erwähnt. Deren Vorhandensein ist unerklärlich. Ein Betriebsgeheimnis sozusagen. Die deutsche Impf-stoff-Zulassungsbehörde Paul-Ehrlich-Institut (PEI) verweiger-te auf mehrfache Nachfrage der Autoren die Auskunft darüber, ob und welche Impfstoffe in Deutschland betroffen sind. Nano-partikel sind nicht biokompatibel und nicht biologisch abbaubar.

Die undeklarierten Nanopartikel in Impfstoffen sind: Alumi-nium, Eisen, Zirkonium, Hafnium, Strontium, Wolfram, Nickel, Blei, Antimon, Chrom, Gold, Zink, Platin, Silber, Wismut, Cer, rostfreier Stahl, Kupfer, Titan.

Risiken von Nanopartikeln im H1N1-Impfstoff (Schweine-grippe-Impfung) wurden verschwiegen. Das Nanopartikel MF59 war höchst umstritten. Die Pharmazeutische Zeitung vom 29. 3. 2017 beschreibt MF59 als eine Öl/Wasser-Emulsion, die als Bestandteile Squalen, Polysorbat 80 und andere Partikel enthält.

Nanopartikel in Impfstoffen sollen sich direkt an Langerhans-zellen der Haut binden und eine verstärkte Immunantwort aus-lösen, so das „Ärzteblatt". Impfungen ohne Injektion sollen die neue Generation von Vakzinen sein.[95]

Die Impfstoffe der Zukunft könnten z. B. über einen Ver-nebler in den Körper gelangen. Die Wirkungsweise wird wie folgt beschrieben: die Nanopartikel gelangen im Körper in die Haarfollikel und setzen beim Kontakt mit Schweiß den Impf-stoff frei. Durch einen Sprühnebel verabreicht, ohne dass man es wissen müsste, könnte am Flughafen beim Sicherheitscheck die Impfung „passieren" oder durch das Belüftungssystem in Schu-len oder woanders. Massen-Impfungen in einfacher Weise wür-den Tür und Tor geöffnet – ohne persönliche Zustimmung.[96]

Die Bill Gates-Stiftung soll neue Impfstoffe dieser Art fördern.

Überlegungen zur möglichen Impfwirkung – könnte es sein …?

Könnte es sein, dass die hauptsächliche „Wirkung" und „Wirksamkeit" von Impfungen darauf beruhen, Stoffe zu injizieren, die die Reaktionsfähigkeit des Körpers unterdrücken? Der Körper produziert kein Symptom – keinen Ausschlag bei Masern und kein Fieber –, wenn chemische Substanzen wie Aluminium oder Quecksilber im Körper vorhanden sind, die das verhindern. Wir nennen das in Wirklichkeit Vergiftung.

Immunologische Tests –
Antikörpertest, PCR-Test, Helferzellentest

Drei wichtige Testverfahren stehen im Rahmen von Infektionskrankheiten zur Verfügung – der Antikörpertest, der PCR-Test
zur Bestimmung der Viruslast und die Helferzellen, die im Rahmen einer HIV-Infektion gezählt werden.

Antikörpertest

Antikörper sind Eiweißkörper, die im Menschen als Reaktions-
produkt von Körperzellen auf bestimmte Stoffe, sogenannte Antigene, gebildet werden. Sie sind Teil des Immunsystems.
Die Vorstellung dabei ist, dass ein Antikörper sich spezifisch
mit einem Antigen verbindet und dieses inaktiviert. Der Antikörpertiter ist die Menge Antikörper, die gemessen wird. Die
Funktion der Antikörper ist nicht genau bekannt. Die Meinung
geht aber in die Richtung, dass die Funktion der Antikörper in
der Immunabwehr überbewertet ist und lediglich einen Hinweis
gibt, ob der Körper mit diesem spezifischen Antigen in Kontakt
war oder nicht.
Doch was genau messen wir, wenn krankmachende Viren
wissenschaftlich nicht nachweisbar sind, ja, gar nicht existieren?
Wir messen also einen Eiweißkörper. Könnte es sein, dass wir
einen Eiweißkörper messen, der immer wieder auftaucht, wenn
wir Zellen in einem Impfstoff verarbeitet injizieren? Könnte es
sein, dass der Körper einfach auf Fremdeiweiß reagiert? Und
das Ganze gar nichts mit einem Virus zu tun hat, das von außen
kommt und krankmacht? Kann es sein, dass der Antikörpertest
überhaupt keine Aussage trifft über einen Virus, auch keine Aussage trifft über einen Schutz durch das Immunsystem?

Auch die Antikörpertests scheinen ohne Aussagekraft zu sein. Denn wenn das Virus nicht zu definieren ist, was sagt dann ein Antikörper aus? Und wogegen ist dieser Antikörper gerichtet? Machen wir einen Blick hinüber zu AIDS und zum HIV-Virus: Wie ist das eigentlich bei HIV? Das Vorhandensein von Antikörpern wurde hier „umgedeutet": Sind Antikörper vorhanden, ist man gefährdet. „HIV-Antikörper positiv" bedeutet in dem Fall Gefahr. Wodurch die Umdeutung? Wie kam es dazu? Wo ist die wissenschaftliche Grundlage dafür zu finden? Ist nicht das Vorhandensein eines Antikörpers ein Hinweis für ein lebendiges, aktives Immunsystem?

Und seit der Concorde-Studie, der wichtigsten HIV-Studie 1994, ist auch klar, dass das Zählen der Helferzellen völlig unbedeutend ist. Aussagekraft wie ein Münzwurf.

Helferzellen – ein kurzer Blick auf das HIV-Virus

Die Bestimmung soll helfen, den Zustand des Immunsystems zu bestimmen. Besonders in der AIDS-und HIV-Thematik werden Helferzellen gezählt, denn die Vorstellung ist, dass das HIV-Virus die Helferzellen zerstört.

In der Concorde-Studie von 1994 wird das Zählen von Helferzellen im Rahmen der Diagnose AIDS infrage gestellt.[97] Bekannt ist, dass Helferzellen ihre Struktur unter dem Einfluss von Enzymen ändern können.[98] Hierzu sagt Prof. Mag. Dr. Willfried Ellmeier vom Institut für Immunologie der MedUni Wien in den „Salzburger Nachrichten" vom 31.3.2014: „Die ausgereiften CD4-Helferzellen blieben zwar Helferzellen, sie erwarben aber Merkmale von CD8-positiven zytotoxischen Zellen (Suppressorzellen, veralteter Name: Killerzellen, Anm. des Autors). Das bedeutet, dass es eine gewisse Plastizität dieser Zellen gibt, auch wenn sie bereits voll ausgereift sind." Diese Zellen ändern also ihre Eigenschaften und können von Helferzellen zu zytotoxischen CD8-Zellen, zu „Killerzellen", werden. Die Zellen sind je nach Milieu im Wandel.

Im Magazin „Annals of Internal Medicine" aus dem Jahr 1996 wird die Aussagekraft der Helferzellen-Zählerei im Zusammenhang mit HIV und AIDS mit einem Münzwurf verglichen.[99] In keiner Studie von 1995 von Papadopoulos-Eleopulos et al. in Australien ist belegt, dass Viren, insbesondere HIV, Helferzellen zerstören. In keiner einzigen Studie wurde der Nachweis vollzogen, dass AIDS durch HIV-Viren ausgelöst wird. Denn in keiner Studie gelang jemals der Nachweis eines HIV-Virus.[100] [101]

PCR-Test

Mit dem PCR-Test (Polymerase Chain Reaction-Test) soll eine Belastung mit Viren direkt nachgewiesen werden.

Kary Mullis hat den PCR-Test entwickelt und erhielt 1983 dafür den Nobelpreis für Chemie. Mit dem Test werden feinste Spuren von RNA und DNA aufgespürt. Doch ob sie von einem Virus, von anderen Zellpartikeln oder von Verunreinigungen stammen, ist nicht zu klären. Mullis soll selbst gesagt haben, dass der PCR-Test für eine Bestimmung der Viruslast ungeeignet ist. Fehldiagnosen von HIV-Infektionen und anderen Infektionen waren die Folge.[102] Was misst der PCR-Test, wenn ein krankmachendes Virus bisher nicht definiert wurde?

Keine Aussagekraft von Titerbestimmungen – Impferfolgsüberprüfung wertlos![103]

Im Mai 2019 fand sich am Institut für Reise- und Tropenmedizin Wien ein interessanter Artikel auf der Website www.reisemed.at, der derzeit nicht mehr zur Verfügung steht, die dazugehörigen Studien aber sehr wohl.

In diesem Artikel wird beschreiben, dass die Messung von Antikörperspiegel nach Schutzimpfungen sehr beliebt ist, Ärzte und Laien sich einiges davon erwarten und hoffen, dass dadurch mehrere Aussagen zweifelsfrei getätigt werden können:

- Aussage über einen Schutz gegen die korrespondierende Erkrankung
- Dauer des Schutzes
- reproduzierbare Ergebnisse
- und laborunabhängige Ergebnisse.

„Leider ist hier der Wunsch Vater des Gedanken und die Tests erfüllen zum Großteil nicht die Erwartungen." (Univ. Prof. Dr. Herwig Kollaritsch, Univ. Prof. Dr. Ursula Wiedermann-Schmidt auf ihrer Website www.reisemed.at vom 5.5.2019)

Die Titerbestimmung bestimmt Antikörper, ohne zu unterscheiden, wie viele tatsächlich in der Lage sind, einen Schutz zu vermitteln. Typischerweise trifft dies für die meisten kommerziell erhältlichen ELISA-Testsätze zu. Das heißt, dass in letzter Konsequenz der Anteil schützender Antikörper eine unbekannte Größe bleibt und damit auch die Schutzwirkung und die Schutzdauer.

Weiters bestehen Kreuzreaktionen gegen andere Antigene (Eiweißkörper), die ebenfalls in der Probe vorhanden sind. Diese unspezifischen Signale führen zu falschen Ergebnissen.

„Zudem lauert eine weitere Unbekannte: Die Immunogenität einer Impfung, d. h. die Fähigkeit spezifische Antikörper beim Geimpften zu induzieren, entspricht in vielen Fällen <u>nicht</u> dem klinischen Schutz." (Kollaritsch, Wiedermann-Schmidt).

Insbesondere bei der Grippe-Impfung hinkt der tatsächlich vermittelte Schutz gegen echte Grippe hinter dem Ergebnis nach: die Effektivitätsstudien haben eine Wirksamkeit der Impfung in weniger als 70 % ergeben. Auch der Abnahmezeitpunkt des Titers spielt bei der Beurteilung des Antikörperspiegels eine Rolle. Normalerweise werden Antikörpertiter 1 bis 3 Monate nach Impfung durchgeführt. Bei älteren Menschen ist sie verzögert, beginnen aber ab diesem Zeitpunkt wieder zu verschwinden. Somit ist die Dynamik der Antikörperbildung sehr individuell. Daher ist die Interpretation einer Schutzwirkung vom Abnahmezeitpunkt abhängig und ist diese dem untersuchenden Labor nicht bekannt, völlig wertlos. Das Robert Koch-Institut hat 2005 Tests für Impferfolgsprüfung herausgegeben. Bei vielen Antigenen ist aber keine Aussage auf Impferfolg möglich.

Im Artikel auf der reisemed.at-Webiste bezogen sich Her Prof. Dr. Kollaritsch und Frau Prof Dr. Wiedermann-Schmidt auf folgende, von Ihnen angegebene Literatur:

1. Holzmann H. Diagnosis of tick-borne encephalitis. Vaccine 2003; 21 Suppl 1:S. 36-40.

2. Holzmann H, Kundi M, Stiasny K, et al. Correlation between ELISA, hemagglutination inhibition, and neutralization tests after vaccination against tick- borne encephalitis. J Med Virol 1996; 48:102-7.

3. Kollaritsch H, Krasilnikov V, Holzmann H, et al. Background document on vaccines and vaccination against tick borne encephalitis. Geneva, WHO Strategic Advisory Group of Experts on Immunization 2011.

4. Demicheli V, Rivetti D, Deeks JJ, Jefferson TO. Vaccines for preventing influenza in healthy adults. Cochrane Database Syst Rev 2004:CD001269.

5. Rendi-Wagner P, Kundi M, Stemberger H, et al. Antibody-response to three recombinant hepatitis B vaccines: comparative evaluation of multicenter travel-clinic based experience. Vaccine 2001; 19:2055-60.

6. Bauer T, Jilg W. Hepatitis B surface antigen-specific T and B cell memory in individuals who had lost protective antibodies after hepatitis B vaccination. Vaccine 2006; 24:572-7.
7. Loew-Baselli A, Poellabauer EM, Pavlova BG, et al. Seropersistence of tick-borne encephalitis antibodies, safety and booster response to FSME-IMMUN 0.5 ml in adults aged 18-67 years. Hum Vaccin 2009; 5:551-6.
8. Paulke-Korinek M, Rendi-Wagner P, Kundi M, Laaber B, Wiedermann U, Kollaritsch H. Booster vaccinations against tick-borne encephalitis: 6 years follow-up indicates longterm protection. Vaccine 2009; 27:7027-30.
9. Plentz A, Jilg W, Schwarz TF, Kuhr HB, Zent O. Long-term persistence of tick-borne encephalitis antibodies in adults 5 years after booster vaccination with Encepur Adults. Vaccine 2009; 27:853-6.
10. Rendi-Wagner P, Kundi M, Zent O, et al. Immunogenicity and safety of a booster vaccination against tick-borne encephalitis more than 3 years following the last immunisation. Vaccine 2004; 23:427-34.
11. Rendi-Wagner P, Kundi M, Zent O, et al. Persistence of protective immunity following vaccination against tick-borne encephalitis--longer than expected? Vaccine 2004; 22:2743-9.
12. Rendi-Wagner P, Paulke-Korinek M, Kundi M, Wiedermann U, Laaber B, Kollaritsch H. Antibody persistence following booster vaccination against tick-borne encephalitis: 3-year post-booster follow-up. Vaccine 2007; 25:5097-101.

„Wenn der Beweis des Vorhandenseins eines krankmachenden Virus fehlt, was genau messen wir mit Antikörpertests?"

(Claus Köhnlein)[104]

Aus „Die Pharmalüge" von Ben Goldacre:

„Wir gehen davon aus, dass Medizin auf wissenschaftlichen Erkenntnissen und den Ergebnissen ordentlicher Studien basiert. In Wahrheit sind viele dieser Studien mangelhaft.

Wir gehen davon aus, dass Ärzte die Forschungsergebnisse kennen. In Wahrheit halten Pharmakonzerne etliche Erkenntnisse unter Verschluss.

Wir gehen davon aus, dass Ärzte gute Fortbildungen absolvieren. In Wahrheit wird ein Großteil ihrer Weiterbildung von der Pharmaindustrie finanziert.

Wir gehen davon aus, dass die Behörden nur wirksame Arzneimittel zulassen. In Wahrheit genehmigen sie auch miserable Präparate, deren zum Teil fatale Nebenwirkungen Ärzten und Patienten verschwiegen werden."

Herdenimmunität

Angeblich können Krankheiten ausgerottet werden, wenn 95–98 % der Bevölkerung geimpft sind und die Erreger keine Möglichkeit mehr haben, sich auszubreiten. Im Zusammenhang mit dieser Aussage tauchen aber ungelöste Fragen auf. Wenn Impfungen nützlich sind, woher kommt dann die Angst vor Nicht-Geimpften? Geimpfte und Nicht-Geimpfte können gleichermaßen krank sein. Welche Gefahr stellen sie für Menschen, die nicht geimpft werden dürfen, wirklich dar? Auch ist hinlänglich bekannt, dass Geimpfte Krankheiten entwickeln können, gegen die sie geimpft wurden.

Wo gibt es die Studien, die diese Zahl von 95–98 % Geimpfter belegen, um die Ausbreitung von Krankheiten zu verhindern? Dass tatsächlich Krankheiten ausgerottet werden könnten? Wie kommt diese Zahl zustande?

Wenn es bis dato keinen wissenschaftlichen Nachweis eines Virus gibt, wie kommt die Annahme einer Herdenimmunität zustande, die die Eliminierung von Viren als Grundlage hat?

Wenn es keinen wissenschaftlichen Nachweis von Viren gibt und Bakterien Grundlage des Körpers sind und immunologische Aufgaben erfüllen, wie erklären wir uns das Prinzip der Ansteckung? Wie erklären wir uns das Herumfliegen von Viren, die andere Körper attackieren und dann krankmachen, wenn es sich doch um zelleigene Eiweißkörper zu handeln scheint?

Viele Fragen. Keine befriedigenden Antworten.

Studien: Nicht-Geimpfte sind gesünder

Studie aus den USA – nicht geimpfte Kinder sind gesünder

An dieser Stelle möchte ich eine Studie vorstellen, durchgeführt an der Jackson State University in den USA und publiziert im Jahr 2017 im Journal „Frontiers in Public Health", aus dem der Artikel kurze Zeit später wieder verschwand und anschließend im „Journal of Translational Science" erschien.[105] Eltern von ca. 600 im Heimunterricht befindlichen Kindern wurden zu Impfstatus, Verhaltensweisen und Häufigkeit von Krankheiten mittels Fragebogen befragt. Die Daten wurden mit denen von geimpften Kindern verglichen. Insgesamt wurden 261 nicht geimpfte Kinder mit 405 geimpften Kindern verglichen.

Mawson et al. waren die Studienleiter. Das Abfragen mittels Fragebogen basierte auf einer Einschätzung von Eltern über den Gesundheitszustand ihrer Kinder. Es wurden geimpfte, teilgeimpfte und nicht geimpfte Kinder und ihre Krankheitsverläufe verglichen. In Foren wurde diese Vorgehensweise kritisiert und als zu oberflächlich abgetan. Doch wer sollte den Gesundheitszustand der Kinder besser beurteilen können als ihre Eltern?

Die Schwierigkeit vergleichender Studien von geimpften und nicht geimpften Kindern bezieht sich darauf, dass es zu wenige nicht geimpfte Kinder gibt, die eine relevante Vergleichsgruppe darstellen können. So stellt diese Studie einen Versuch dar, sich mit einem solchen Vergleich auseinanderzusetzen.

Auch wenn es viele Kritikpunkte an der Studie gibt, wie zum Beispiel keine Antikörperbestimmungen, um den Gesundheitszustand zu objektivieren, so kann sie zum Nachdenken anregen, den allgemeinen Tenor der unangezweifelten und propagierten Vorteile von Impfungen zu hinterfragen, zu überdenken und zu überprüfen.

Hier die Zusammenfassung der Studie:

Abstract/Zusammenfassung: Impfungen haben Millionen an anstekenden Krankheiten, Krankenhausaufenthalten und Todesfällen unter US-amerikanischen Kindern verhindert, dennoch bleiben die Langzeit-Gesundheitsauswirkungen der Impfungen ungewiss. Das US-Institut für Medizin empfahl, hierzu Studien zu erstellen. Diese Studie zielte darauf ab 1) geimpfte und nicht geimpfte Kinder in Bezug auf eine große Bandbreite an gesundheitlichen Folgen zu vergleichen, und 2) herauszufinden, ob es eine Verbindung gibt zwischen Impfung und Störungen in der Entwicklung des Nervensystems (NDD), und sollte es diese geben, ob diese auch dann noch signifikant bleibt, wenn man sie um andere, gemessene Faktoren bereinigt. Eine Querschnittsstudie von Müttern, deren Kinder zu Hause unterrichtet (Homeschooling) werden, wurde in Zusammenarbeit mit Homeschool-Organisationen in vier US-Staaten durchgeführt: Florida, Louisiana, Mississippi und Oregon. Die Mütter wurden gebeten, einen anonymen Online-Fragebogen zu ihren eigenen, 6–12 Jahre alten Kindern auszufüllen, unter Berücksichtigung von Faktoren, die mit der Schwangerschaft zusammenhängen, dem Geburtsverlauf, Impfungen, ärztlich diagnostizierten Krankheiten, eingenommenen Medikamenten und Gesundheitsleistungen. NDD, eine abgeleitete, diagnostische Messgröße, definiert sich durch das Vorliegen von einer oder mehreren der folgenden drei eng verwandten Diagnosen: Eine Lernbehinderung, ADHS (Aufmerksamkeits-Defizit-Hyperaktivitätsstörung) sowie eine Störung innerhalb des Autismus-Spektrums. Eine einfache Versuchsgruppe von 666 Kindern wurde beschafft, von denen 261 (39%) nicht geimpft waren. Die Geimpften hatte eine geringere Wahrscheinlichkeit, mit Windpocken und Keuchhusten diagnostiziert zu werden, jedoch eine höhere Wahrscheinlichkeit von Lungenentzündung, Mittelohrentzündung, Allergien und Entwicklungsstörungen des Nervensystems (NDD). Nach Bereinigung zeigte sich ein signifikanter Zusammenhang von Impfung, männlichem Geschlecht und vorzeitiger Geburt mit NDD. In einem finalen, Wechselwirkungen berücksichtigenden Modell blieb ein Zusammenhang mit NDD und Impfung – aber ohne vorzeitige Geburt – bestehen, während die Wechselwirkung einer vorzeitigen Geburt plus Impfung mit einem 6,6-fachen Anstieg der Chancen

für NDD (95% CI: 2.8, 15.5) einherging. Daraus lässt sich schluss-
folgern, dass geimpfte Hausunterricht-Kinder eine höhere Rate an Aller-
gien und Entwicklungsstörungen des Nervensystems aufweisen als nicht
geimpfte Hausunterricht-Kinder.

Während ein signifikanter Zusammen-
hang von Impfung und NDD auch nach Überprüfung anderer Faktoren
bestehen bleibt, wurde die Paarung von vorzeitiger Geburt und Impfung
mit einem offensichtlich synergistischen Anstieg der Chancen auf NDD
in Verbindung gebracht. Es ist notwendig, weitere Forschung zu betrei-
ben, unter Einbezug größerer, unabhängiger Proben und genauerer For-
schungsmethoden, um diese unerwarteten Ergebnisse zu bestätigen und
zu verstehen, damit die Auswirkungen von Impfungen auf die Gesund-
heit der Kinder optimiert werden können.

Das Ergebnis: erhöhte Anzahl von Lungenentzündungen, Mittelohrentzündungen, Allergien und Entwicklungsstörungen des
Nervensystems (neuro-developmental disorders, NDD) bei geimpften Kindern.

- Geimpfte Kinder wurden 30 Mal häufiger mit allergischer
  Rhinitis (Heuschnupfen) diagnostiziert als nicht geimpfte.
- Geimpfte Kinder wurden 22 Mal häufiger mit diversen anderen, schweren und Medikamenteneinsatz fordernden Allergien
  (z. B. allergisches Asthma) diagnostiziert als nicht geimpfte.
- Geimpfte Kinder haben 3 Mal häufiger ADHS (Aufmerksamkeits-Defizit-Hyperaktivitätsstörung) als nicht geimpfte.
- Geimpfte Kinder erkranken 3,4 Mal so oft an Lungenentzündung wie nicht geimpfte.
- Geimpfte Kinder erkranken 3 Mal so häufig an Mittelohrentzündung wie nicht geimpfte.
- Geimpfte Kinder mussten 7 Mal so oft am Mittelohr operiert werden wie nicht geimpfte. 80% der US-amerikanischen Kinder unter 3 Jahren leiden an schmerzhaften Mittelohrentzündungen.
- Geimpfte Kinder entwickeln 3 Mal so häufig Autismus-Sym-
  ptome wie nicht geimpfte.
- Geimpfte Kinder entwickeln mehr als doppelt so oft (2,4
  Mal öfter) andere, chronische Krankheiten als nicht geimpfte

Kinder. Insgesamt leiden 32 Millionen (43 %) der US-amerikanischen Kinder an einer von 20 chronischen Krankheiten. Damit sind sie 4 Mal häufiger chronisch krank als ihre Elterngeneration.

Eine weitere Studie – die KiGGS-Studie in Deutschland

In Deutschland wurde die KiGGS-Studie mit 17 641 Buben und Mädchen im Alter von 0–17 Jahren in den Jahren 2003–2006 als Basiserhebung durchgeführt. Es sollte die Gesundheitslage der heranwachsenden Bevölkerung in Deutschland beurteilt werden.[106] Die „Basispublikation" erschien im Mai/Juni 2007 als Doppelheft der Fachzeitschrift „Bundesgesundheitsblatt – Gesundheitsforschung – Gesundheitsschutz" im Springer-Verlag. Eine Folgebefragung als Telefonumfrage fand in den Jahren 2009–2012 als Welle 1 statt, eine Welle 2-Befragung zwischen 2014 und 2017 von Menschen zwischen 0 und 29 Lebensjahren. Im Dezember 2008 gab das Robert Koch-Institut (RKI) das „Public Use File" für die öffentliche Nutzung frei.

Die ersten Ergebnisse wurden von Bärbel-Maria Kurth vom RKI im Bundesgesundheitsblatt im Dezember 2006 publiziert und im September 2006 an einem Symposium des RKIs in Berlin vorgestellt.[107] An diesem Symposium nahmen 500 Vertreter von Wissenschaft, öffentlichen Gesundheitsdiensten, Politik, Medien und der interessierten Öffentlichkeit teil.

Auszug aus den ersten Ergebnissen

Zu allergischen Erkrankungen:

„Allergische Erkrankungen zählen zu den häufigsten Gesundheitsproblemen im Kindes- und Jugendalter. Bisher fehlen in Deutschland jedoch bundesweit repräsentative Daten, die auch Laborbefunde mit einschließen."

Aber: *Kein Wort zu allergischen Erkrankungen bei Kindern im Vergleich zum Impfstatus, obwohl in der Literatur häufig auf eine mögliche Verbindung von Allergien und Impfungen hingewiesen wird.*

Umweltbelastung:
„Die Blei-, Quecksilber-, PAH- und PCP-Belastungen haben seit 1990/92 deutlich abgenommen, was den Erfolg umwelt- und gesundheitspolitischer Maßnahmen belegt. … Passivrauchen … Bei den Auswertungen des KUS werden auch Zusammenhänge zwischen Umweltbelastungen und gesundheitlichen Wirkungen untersucht. Es zeigt sich, dass ca. 10 % der Kinder auf Schimmelpilze sensibilisiert sind … Lärmbelastung …"

Aber: *Kein Wort zur Aluminiumbelastung. Kein Wort zur Antibiotikagabe und deren möglicher Belastung und Entwicklung von chronischen Krankheiten.*

Modul Psychische Gesundheit (BELLA-Studie):
„Bei ca. 22 % der untersuchten Kinder und Jugendlichen liegen Hinweise auf eine psychische Auffälligkeit vor, wobei ca. 10 % aller Kinder und Jugendlichen als im engen Sinn psychisch auffällig beurteilt werden müssen."

Aber: *Keine Erwähnung von möglichen Ursachen, wie einer Aluminiumbelastung, bei den bestehenden neurologischen und psychischen Symptomen.*

Beurteilung des sozioökonomischen Status:
Ergebnis: Das Krankheitsrisiko ist bei einem niedrigen sozioökonomischen Status (Merkmale menschlicher Lebensumstände) um den Faktor 3,7 erhöht.

Der krankmachende und schwächende Faktor von Lebensumständen ist hier zu beachten!

In der KiGGS-Studie gab es:
- keine Beurteilung der Auswirkung von Impfungen auf Kinder und Jugendliche,
- keine Beurteilung der Ursachen der stark zugenommenen Allergien im Kindes- und Jugendalter,
- keine Beurteilung von Krankheit und Impfstatus,
- keine Beurteilung von Allergie und Impfstatus,
- keine Beurteilung von Aluminiumbelastung.

Frau Angelika Müller wertete daraufhin in einer privaten Analyse das „Public Use File" der KiGGS-Studie aus.

Das Ergebnis der privaten Auswertung lautet: Nicht geimpfte Kinder und Jugendliche sind gesünder.[108]

Die Vorwürfe sind schwerwiegend, die die Impfkritiker Angelika Müller und Hans Tolzin im Kopp-Verlag veröffentlicht haben. Autoren des Robert Koch-Institutes sollen bei den Auswertungen der KiGGS-Studie Statistiken bewusst verändert haben, um den gesundheitlichen Vorteil von Nicht-Geimpften zu verschleiern. „Rechnerische Tricks"[109] zeigten in der offiziellen Auswertung der KiGGS-Studie keine „statistische Signifikanz". Das bedeutet, dass Ergebnisse als „nicht relevant" bewertet wurden.

Bei Nicht-Geimpften gab es _weniger_ Fälle von
- Heuschnupfen,
- Neurodermitis,
- Allergien, Nickelallergien,
- ADHS,
- Skoliose,
- Mittelohrentzündungen,
- Lungenentzündungen,
- Infekten,
- der Notwendigkeit von Logopädie und
- dem Tragen einer Brille.

Siehe die statistischen Auswertungen von Angelika Müller in der folgenden Darstellung:

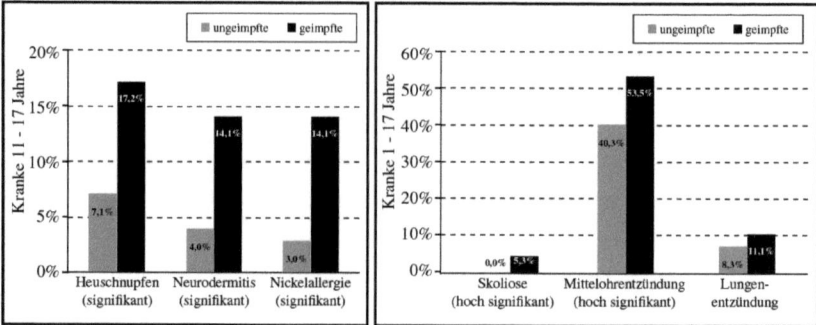

Angelika Müller: „Nach der ersten Veröffentlichung meiner Ergebnisse im Juni 2009 wurde ich vom Robert Koch-Institut scharf angegriffen. Meine Auswertungen seien grob fehlerhaft und handwerklich falsch. Kein einziger der von mir veröffentlichten Zusammenhänge würde stimmen. Man arbeite an einer Gegendarstellung. Diese würde bis Mitte 2010 in der Fachzeitschrift ‚Deutsches Ärzteblatt' veröffentlicht werden."

Die einzige Doppelblindstudie der WHO, die zwischen Geimpften und Nicht-Geimpften vergleicht – Tuberkulose-Feldversuch in Indien

Im Jahr 1968 beschlossen die WHO, das CDC und das Indian Council of Medical Research, den größten Feldversuch als Doppelblindstudie in Indien durchzuführen. Eine Doppelblindstudie ist eine Studie und vergleicht den aktiven, zu testenden Arzneistoff mit einer neutralen Substanz, wobei weder die Probanden noch die Studienleiter wissen, wer welche Substanz verabreicht bekommt, um durch Erwartungen das Ergebnis nicht zu verfäl-

138

schen. Dabei handelt es sich um eine wichtige Methode wissenschaftlichen Arbeitens (siehe auch Seite 90). Bemerkenswert daran ist, dass die Studie 50 Jahre nach der Einführung der TBC-Impfung darauf abzielte, diese auf ihre Wirksamkeit zu überprüfen! Ca. 400 000 Menschen nahmen an diesem Feldversuch teil, der 1971 beendet wurde. 1979 legte die WHO einen ersten Zwischenbericht der Feldstudie vor. Das Ergebnis war verheerend.[110] Im geimpften Gebiet zeigten sich viel mehr TBC-Fälle als im nicht geimpften Gebiet. Nicht nur, dass die Schutzwirkung der Impfung nicht vorhanden war, verursachte sie anscheinend neue Fälle von TBC-Infektionen.

Erst 1983 wurde das Ergebnis der Feldstudie in Deutschland veröffentlicht. [111]Wieder 15 Jahre (!!!) später, 1998, entschloss sich das RKI (Robert Koch-Institut), die Impfempfehlung zurückzuziehen. Nach Bekanntwerden der Unwirksamkeit der BCG (Bacillus Calmette-Guérin)-Impfung dauerte es insgesamt 27 Jahre, bis die STIKO (RKI) die Impfempfehlung zurücknahm.[112]

Der OGH (Oberster Gerichtshof) in Österreich schreibt in einem Urteil: „Am 17. 6. 1989 sprach der Oberste Sanitätsrat Österreichs die Empfehlung aus, ab 1. 1. 1990 die generelle BCG-Säuglingsimpfung (gegen Tuberkulose) bei Neugeborenen in Österreich zu sistieren … Die Tuberkulose im Kindesalter ist stark zurückgegangen. Dies ist nicht eine Folge der häufig angewendeten BCG-Schutzimpfungen in Österreich, weil auch in Ländern ohne diese Impfung der Rückgang eintrat. Das Impfrisiko liegt nunmehr höher als das Infektionsrisiko. Die Tuberkulose-Schutzimpfung mit dem BCG-Impfstoff ist aufgrund zahlreicher Nebenwirkungen und möglicher Komplikationen keine harmlose Impfung."[113]

Die einzige Doppelblindstudie zum Vergleich von Geimpften
und Nicht-Geimpften fand in Indien statt.
Das Ergebnis war erschreckend:
Kein Schutz der TBC-Impfung.
Die Impfung löste anscheinend Tuberkulose-Infektionen aus.

Impfschaden, Impfzwischenfälle, Impfreaktionen, Impfkrankheit –, Klärung der Begriffe

Was ist ein Impfschaden?

Impfschaden ist keine Diagnose, keine Krankheit, sondern ein behördlicher Begriff.

Oft werden geistige Behinderungen, Verhaltensstörungen oder Störungen der Entwicklung fälschlicherweise als Impfschaden bezeichnet.

Als Impfschaden gelten eine Erkrankung oder ein Schaden an der Gesundheit erst dann, wenn nach einem behördlichen Verfahren die Impfung als Ursache anerkannt worden ist. Nach dem Impfschadengesetz steht dem Opfer eine Entschädigung zu. Ein Impfschaden wird nicht automatisch gemeldet. Betroffene Menschen müssen von sich aus ein Ansuchen an das Bundessozialamt richten. In jeder Bundeshauptstadt gibt es ein Bundessozialamt. Dieses Ansuchen kann auf die Bitte von Patienten auch ein Arzt einreichen.

Für die Impfschäden ist das Sozialministerium zuständig, nicht das Gesundheitsministerium.

In den meisten Fällen wird der Antrag auf Anerkennung abgewiesen. Die Impfbetreiber berufen sich immer wieder auf die geringe Anzahl der Impfschäden. Tatsächlich werden nur sehr wenige Fälle anerkannt. Dadurch kann die wahre Zahl der Impfkrankheiten auf ein Minimum heruntergespielt werden.

Durch den Hinweis auf fehlende Nachweisbarkeit und fehlenden zeitlichen Zusammenhang werden Anträge auf Impfschaden fast immer abgelehnt. So bleibt die Zahl der offiziellen Impfschäden sehr gering.

Impfschadensmeldung – Verdachtsmeldung

Jeder Bürger, nicht nur Ärzte, ist eingeladen, Impfschadensmeldungen im Verdachtsfall zu machen an:

Brief an das Gesundheitsministerium
„Bundesministerium für Soziales, Gesundheit, Pflege und Konsumentenschutz", Stubenring 1, 1010 Wien

Brief an das Bundesamt für Sicherheit im Gesundheitswesen, Institut Überwachung – Enforcement, Traisengasse 5, 1200 Wien via Email an: enforcement@basg.gv.at und pharm-vigilanz@ages.at mit dem Betreff: „Verdachtsmeldung"

Was ist eine Impfkrankheit? Was ist eine Impfreaktion? Was ist eine Impfkomplikation?

Jede gesundheitliche Störung, die infolge einer Impfung auftritt, wird als Impfkrankheit und manchmal auch einfach nur als Impfreaktion bezeichnet. Impfkomplikation weist auf Nebenwirkungen hin, die unerwünscht sind. Symptome wie Fieber, Kopfschmerzen, Hautausschläge, vorübergehende Symptome an Gehirn oder Rückenmark wie Lähmungen, Zuckungen, Krämpfe, Bewusstlosigkeit usw. werden oftmals verharmlost oder als wünschenswerte Immunreaktionen bezeichnet und so vom Ernst der Erkrankung abgelenkt. Die Impfkrankheit kann leicht oder schwer verlaufen, dauernde Folgen hinterlassen oder zum Tod führen und an verschiedenen Regionen des Körpers, z.B. Gehirn, Rückenmark, Haut, Knochenmark, Darm, Sinnesorgane, Immunsystem usw. auftreten.

Was ist eine Arzneimittelnebenwirkung?

Wird ein Medikament verabreicht und es kommt zu unerwünschten Reaktionen im Körper, bezeichnet man das als Nebenwirkung. Ärzte und Laien können Nebenwirkungen an das Gesundheitsministerium melden. Auch wenn Impfstoffe nicht als Medikamente eingestuft werden, sondern zu den Biologicals zählen, so können sie als Arzneistoff Nebenwirkungen entwickeln.

Das Gesundheitsministerium leitet die Meldungen dieser Nebenwirkungen an die Impfstoffhersteller weiter. Das Ansuchen um Anerkennung als Impfschaden wird aber nicht automatisch an das Bundessozialamt weitergeleitet.

Nebenwirkungen von Impfungen – sie werden bagatellisiert und führen zur Empörung Betroffener

Es gibt viele Studien auf beiden Seiten – von denjenigen, die sagen, es gibt keine Nebenwirkungen und denjenigen, die sagen, es gibt sie doch. Viele Untersuchungen, Veröffentlichungen von Zahlen und Daten tauchen da und dort auf; Spekulationen zum Thema Nebenwirkungen sind Tür und Tor geöffnet. Die Diskussionen, die darum kreisen, sind emotional und heftig. Man beruft sich auf Zahlen und keiner weiß, wo diese ihren Ursprung haben. Es bleibt undurchsichtig, auch für Ärzte, welche Zahlen richtig sind und welche nicht.

Der Vorwurf an die Behörde und die impfstoffherstellende Industrie ist und bleibt, mögliche Nebenwirkungen zu bagatellisieren und Untersuchungen zu Langzeitfolgen der Impfungen überhaupt nicht durchzuführen. Die Wahrnehmung und Berichte der Eltern von betroffenen Kindern werden nicht ernst genommen, was zu großer Empörung der Betroffenen führt. Man spricht ihnen jegliche Kompetenz ab, Symptome zu beurteilen und Zusammenhänge zu erkennen. Nur der Arzt oder der Impfstoffhersteller sei dazu in der Lage, und die sagen mehrheitlich: Die Störungen am Körper sind Zufall und haben nichts mit der Impfung zu tun.

Ebenso werden Wahrnehmungen und Beobachtungen von naturheilkundlichen Ärzten in Bezug auf Krankheiten nach Impfungen als Impfkritik per se dargestellt und als Verschwörungstheorie abgetan. Die mehrheitlich in Privatpraxen tätigen Naturärzte, Homöopathen und komplementärmedizinisch tätigen Ärzte, Therapeuten und Energetiker widmen den Patienten und ihren Anliegen unvergleichlich mehr Zeit im Gespräch als der auf Krankenschein arbeitende oder im Spital tätige Arzt. Die Anamnese (das Arzt-Patienten-Gespräch), das grundlegende Handwerkzeug des Arztes, bekommt hier einen ganz anderen Stellenwert und muss in die Evaluierung von möglichen Impfkrankheiten unbedingt miteinbezogen werden. Der Glaube und die Überzeugung, ausschließlich Statistik, Zahlen und Laborwerte seien für eine objektive Beurteilung von Impfkrankheiten wesentlich, entpuppen sich als Irrtum, insbesondere wenn nach Jahren mehr und mehr ans Licht kommt, dass Statistiken – auf beiden Seiten, Pro und Contra zum Thema – „frisiert" und geschönt wurden. Diagnostische Verfahren mit ihren Ergebnissen und Laborwerte sind nur Hilfswerte und haben mit dem im Leben stehenden Menschen primär wenig zu tun. Statistik und Laborwerte dienen als Argumente, die eigene Meinung zu untermauern und die andere, gegenteilige Meinung zu vernichten. Macht, Konkurrenzdenken, Profit, Ego-Gehabe und innewohnende Wut und Schlammschlachten auf beiden Seiten stehen oft im Vordergrund der Diskussionen. Der betroffene Mensch, seine Gesundheit und Krankheit und deren Heilung bleiben auf der Strecke. Menschlichkeit und Mitgefühl für manchmal schwere Nebenwirkungen und Tod werden vergessen. Zynisch setzt man sich über Nebenwirkungen und das persönliche Leid hinweg, mit dem Argument der fehlenden messbaren Beweisbarkeit zwischen der stattgefundenen Impfung und der darauffolgenden körperlichen Reaktion des Impflings.

So ist es notwendig, auf direkte Erfahrungen aus der Praxis zurückzugreifen. Fakten und Geschichten zu Nebenwirkungen ergänzen dieses Kapitel und sollen einen weiteren Einblick in das Kapitel Nebenwirkungen nach Impfungen, deren Schwere und Häufigkeit geben.

Jeder kann sie lesen und sich sein eigenes Bild machen.

Denn das war zu allen Zeiten das einzig Wichtige und wird es auch bleiben – Verantwortung für den eigenen Körper, die eigene Psyche und die eigene Gesundheit zu übernehmen. Damit gehen eine Beurteilung des eigenen Körpers und der eigenen

Symptome einher und eine Beobachtung von Zusammenhängen mit den eigenen Lebenssituationen und Entscheidungen. Auch die Verabreichung von Impfungen gehört dazu und ihre möglichen, manchmal schwerwiegenden Konsequenzen.

Erfahrungsberichte aus der Praxis

Jede Impfung verursacht eine Impfkrankheit. Das ist auch erwünscht: Krankheiten in „abgeschwächter" Form auszubilden, um Antikörper zu erzeugen – so die theoretische Vorstellung. Neben lokalen und akuten Reaktionen beginnen körperliche Beschwerden manchmal unmittelbar nach der Impfung, oft aber erst auch nach 4 bis 6 Wochen und sind anhaltend. Anfängliche akute Reaktionen werden häufig unterdrückt, wie zum Beispiel durch die Einnahme von fiebersenkenden, schmerzstillenden und antientzündlichen Medikamenten, und können so verstärkt zu chronisch anhaltenden Symptomen führen, die sich nach ca. 2 bis 6 Monaten mehr und mehr zeigen.

Daher nach einer Impfung: Denken Sie an diesen zeitlichen Ablauf!

Beispiele von Reaktionen auf Impfungen – Erfahrungen aus der Praxis

Die Häufigkeit der Nebenwirkungen steigt mit der Anzahl der Impfungen!
Die Schwere der Nebenwirkungen steigt mit der Anzahl der Impfungen!

- Fieber – die oftmals damit verbundene medikamentöse Fiebersenkung fördert zusätzlich Komplikationen – sehr häufig
- Schmerzen an der Einstichstelle – sehr häufig
- akute allergische Reaktion/allergischer Schock
- Kreislaufkollaps
- kollapsartige Zustände – hypoton-hyporesponsive Episode (HHE) – häufig
- schrilles Schreien – bei Kindern häufig
- Apathie – häufig
- Unruhe, Wutanfälle, Konzentrationsstörung – sehr häufig
- Krampfanfälle
- neurologische Entwicklungsstörung – motorisch, emotional, sozial, kognitiv – z. B. kleine Kinder, die bereits gehen konnten, können nicht mehr gehen, oder die, die sprechen gelernt haben, hören auf zu sprechen, stammeln nur mehr oder bringen nur mehr Laute hervor – bei Kindern sehr häufig
- Wachstumsstörung – häufig
- massive Muskelschmerzen – sehr häufig
- erhöhte Infektanfälligkeit – sehr häufig
- Autoimmunerkrankungen – Rheuma, chronische Darmentzündungen, Diabetes, Schilddrüse – zum Teil sehr häufig
- neurologische Erkrankungen – Guillain-Barre-Syndrom (Rückenmarkserkrankung mit folgender Muskellähmung), Enzephalitis (Gehirnentzündung), Meningitis (Gehirnhautentzündung), Narkolepsie (krankhaftes Erschöpfungs- und Einschlafverhalten), Multiple Sklerose, Autismus und alle Varianten davon – zum Teil sehr häufig
- Allergien – sehr häufig
- Neurodermitis – häufig
- Pollenallergien – sehr häufig
- Nahrungsmittelallergien – sehr häufig
- Glucose-Fructose-Intoleranz
- Kuhmilch-, Weizenunverträglichkeit
- Tod

...

Kinderärzte stellen eine massive Zunahme an kindlicher Diabetes, kindlichem Rheuma, Allergien, Autismus, neurologischen Störungen und Entwicklungsstörungen im Kindesalter fest! Die Verschreibung von Psychopharmaka im Kindesalter nimmt massiv zu.

Eine Homöopathin dazu: „Überraschende und unerwartete Krankheiten nach Impfungen treten regelmäßig 2 bis 6 Monate nach Impfung auf."[114]

Impfschäden in Österreich – Vortrag am 11. Niederösterreichischen Impftag 2020

In Österreich gibt es seit 1973 ein Impfschadengesetz (ISG). Ob eine Impfnebenwirkung als Impfschaden anerkannt wird, hängt von der nachzuweisenden Kausalität ab. Der Zusammenhang zwischen Impfung und Schaden muss kausal zusammenhängen und dafür sind 3 Punkte notwendig: der zeitliche Zusammenhang, das Auftreten von Symptomen, die ein Bild zeigen wie bei der Virusinfektion, gegen die die Impfung schützen soll, und andere Ursachen, die ausgeschlossen werden können. Kausalität wird als Wahrscheinlichkeit angegeben. Der Rahmen für Anerkennungen ist sehr eng gesteckt. Unter dieser Prämisse überrascht es nicht, dass in Österreich seit 1990 „nur" 409 dauerhafte Impfschäden Anerkennung fanden.

Doch wie verhält es sich mit Langzeitfolgen von Impfungen, mit kumulierenden Effekten durch mehrere Impfungen und Mehrfach-Impfungen, wie verhält es sich mit dem Auslösen von chronischen Krankheiten und dem akuten Wiederauftreten von ruhenden chronischen Krankheiten? Laut dem Impfschadengesetz kein Impfschaden und dennoch kann es nachhaltige Reaktionen geben, bis hin zu Todesfällen. Wie wirken die Adjuvantien tatsächlich und wie wirken sie in ihrem Zusammenspiel in einem Impfstoff? All diese Fragen wurden bis jetzt nicht geklärt. Dazu gibt es ungenügend Untersuchungen und Studien.

Eltern, die ihre Kinder am besten kennen, jede Bewegung und Regung der Kinder registrieren, bemerken hier Zusammenhänge, auch wenn der unmittelbare zeitliche Zusammenhang in einem größeren Intervall zu sehen ist. Oftmals tauchen körperliche Veränderungen erst 6 bis 8 Wochen nach Impfungen oder auch erst nach mehreren (Mehrfach-)Impfungen auf. Doch die Arroganz mancher Ärzte ist für viele Eltern unerträglich, wenn behauptet wird, da gibt es keine Zusammenhänge, obgleich Veränderungen augenscheinlich sind und entsprechende Anamnesen gleichzeitig fehlen.

Ein Vortrag am Niederösterreichischen Impftag 2020 beschäftigte sich mit Impfschäden der letzten Jahre, hervorgerufen durch fehlerhafte Impfstoffe und Produktionszwischenfälle. Diese Auflistung führte bei so manchem Zuhörer zu einem ersten Aufatmen, denn da gab es jemanden, der sagte:
Ja, diese Zwischenfälle gab es. Es gab etwas, was nicht okay war. Wir haben darauf reagiert und haben Impfungen vom Markt nehmen müssen. Wir brauchen ein besseres Sicherheits-Monitoring und mehr Studien zur Impfstoffsicherheit.

Impfschäden und Produktionszwischenfälle in der Impfstoffherstellung – aus dem Vortrag

Impfschäden beziehen sich hier auf *anerkannte Impfschäden*, die Dunkelziffer an *Impfreaktionen* war aber sehr viel höher.

1930 Lübecker BCG-Unfall: 76 Todesfälle, 167 Schäden. Wurde vom Markt genommen.

1955 Cutter-Unfall in den USA. Cutter Laboratories in Kalifornien produzierten den Polio-Impfstoff, der von 120 000 verabreichten Impf-Dosen 40 000 Fälle von Polio auslöste und eine anschließende Polio-Epidemie erzeugte. Offiziell anerkannte Impfschäden: 164 Poliofälle, 10 Todesfälle. Wurde vom Markt genommen.

1963 Masern-Impfung/sogenannter Totimpfstoff. Der Impfstoff führte in den Jahren 1963–1967 zu massivem Auftreten von Impf-Masern, dem atypischen Masernsyndrom: atypisches Exanthem, hohes Fieber, Hepatitis, lange andauernde Pneumonie. 160 000 Menschen waren betroffen. Wurde vom Markt genommen.

1976 Schweinegrippe-Impfstoff. Gehäuftes Auftreten von Guillain-Barré-Syndrom, einer Entzündung der Nerven, die fortschreitend zu Sensibilitätsstörungen und Lähmungen führt. Behinderungen und Todesfolge sowie chronische Verlaufsformen waren die Folge: 500 Fälle, 25 Todesfälle. Wurde vom Markt genommen.

1998 Rotavirus-Impfung (Rotashield): 102 Fälle von Invaginationen, 53 Operationen, 2 Todesfälle. Der Impfstoff wurde 1999 vom Markt genommen.

2000: Ein nasal verabreichter Grippeimpfstoff wurde wegen massiver Zunahme an Fazialisparesen („Gesichtslähmung") vom Markt genommen. Fazialisparese zeigte sich 31–60 Tage nach Impfung. 2002 wurde der Impfstoff vom Markt genommen.

Pocken-Impfung – schwerste Nebenwirkungen, der letzte Pockenfall durch eine Wildinfektion in Österreich fand 1946 statt. Die offizielle Zahl an Geschädigten betrug 5 000 Impfschäden und 300 Kinder, die an den Impffolgen starben. Erst 1980 wurde die Impfung wegen nicht enden wollender schwerer Reaktionen und Todesfälle vom Markt genommen.

BCG-Impfung – die Tuberkulose-Impfung: 1974 kam die Auswertung der großen Feldstudie in Indien an die Öffentlichkeit.

Sie zeigte den eindeutigen Nachteil der Impfung. Erst 1990 (!!!) wurde die Impfung vom österreichischen Markt genommen. Es gab schwere Nebenwirkungen, wie Abszedierungen der Lymphknoten, Lymphadenopathien, Osteomyelitis und Todesfälle. Ein Produktionszwischenfall eines anderen Impfstoffes führte schließlich 1991 zum Tuberkulose-Impf-Skandal in Österreich mit schweren Reaktionen durch Überdosierung. Durch ihn wurde man aufmerksam, dass die WHO die Empfehlung für die BCG-Impfung vor vielen Jahren zurückgenommen hatte. Seit 2001 ist die BCG-Impfung in Österreich nicht mehr empfohlen.

Polio – man verließ den „Totimpfstoff" wegen schwerer Nebenwirkungen und führte den sogenannten Lebendimpfstoff ein – der Impfstoff auf dem Zuckerwürfel, die Schluckimpfung. Veränderungen am Darm und Lähmungserscheinungen waren die Nebenwirkungen. Die Impfung wurde 1997 wegen massiver Poliofälle durch die Impfung vom Markt genommen. Da gab es schon viele Jahrzehnte keine Poliofälle mehr in Österreich. Man kehrte wieder zum Totimpfstoff zurück – mit welchen Folgen nun?

Der Rotavirusimpfstoff, eine Schluckimpfung, zeigte vermehrt Invaginationen (Darmeinstülpungen) bei Säuglingen. Die Impfkomplikationen steigen bei Säuglingen über dem 3. Lebensmonat deutlich an. Die Symptome der Invagination sind kolikartige Schmerzen, geleeartiges Erbrechen, Absetzen von blutigem Stuhl und ungewöhnliches Schreien. Wegen einiger Todesfälle im Zusammenhang mit der Impfung nimmt 2015 die französische Regierung von der Impfempfehlung Abstand. Die STIKO in Deutschland hält an der Empfehlung fest – obwohl bis 2017 über 200 Fälle von Invaginationen registriert wurden. Viele Kinder mussten operiert werden. Die Warnung auf der Website vom RKI in Deutschland über die Rotavirus-Impfung ist ein Skandal (siehe „Mitteilung der Ständigen Impfkommission (STIKO) zur Rotavirus-Impfung", vom 12. 5. 2015). Österreich hält ebenfalls an der Impfempfehlung fest.

Die FSME-Impfung (Zeckenimpfung/Ticovac) erfuhr in der Zeit von BSE (bovine spongiforme Enzephalopathie) eine massive Nebenwirkung, nachdem das stabilisierende Humanalbumin aus dem Impfstoff entfernt wurde. Die Zahl der Fieberkrämpfe und Meningitisfälle mit Krankenhausaufenthalten und Todesfällen stieg deutlich an. Auch eine Dosisreaktion konnte die Schäden nicht abwenden. Der Impfstoff wurde 2001 vom Markt genommen.

Pandemrix (Schweinegrippe-Impfstoff) führte 2010 zu Narkolepsie und zu möglichen Autoimmunerkrankungen mit einer möglichen Latenzzeit von 8 Monaten und wurde vom Markt genommen.

Hexavac (Sechsfachimpfstoff) erzeugte Fälle von plötzlichem Kindstod und wurde vom Markt genommen. Die offizielle Begründung: Die Zulassungsrücknahme erfolgte wegen zu geringer Immunität gegen die Hepatitis-B-Komponente?!

Autismus-Spektrum-Störung – die derzeitige Häufigkeit: 1 von 36 geimpften Kindern in den USA, einem Land mit Impfpflicht – Ursache: Impfungen?

1978 lag die Autismusrate bei 1 von 15 000 Kindern in den USA.[115] Im Jahr 2019 ist die Häufigkeit von Autismus und verwandten Erkrankungen auf 1 von 36 Kindern gestiegen. Häufigkeit steigend. Bis zum Jahr 2032 rechnet man mit einer Autismusrate von jedem zweiten Kind, wobei 80 % Buben betroffen sind. Die Symptome bei Autismus sind mannigfaltig und unterschiedlich stark ausgeprägt, weshalb von Autismus-Spektrum-Störung gesprochen wird.

Die Symptome beinhalten tiefgreifende Entwicklungsstörungen. Man spricht von ASS (Autismus-Spektrum-Störung), wenn

Symptome in einem oder mehreren der folgenden Bereiche vorhanden sind:
1. Störung der sozialen Kommunikation und Interaktion
2. Fehlen von nonverbaler Kommunikation, fehlender Augenkontakt, Auffälligkeiten in der sprachlichen Entwicklung
3. stereotype, eingeschränkte Verhaltensweisen, Verharren in gleichbleibenden Routinen, fehlende Interessen
4. sensorische Dysregulation

Zusätzlich zeigen die Kinder oft folgende Merkmale
- eine geistige Entwicklungsstörung,
- Sprachstörungen,
- fehlenden Blickkontakt,
- schlaffe Muskulatur,
- Störungen beim Gehen,
- unkontrolliertes Schütteln,
- unkontrolliertes Kopf gegen den Boden, die Wand oder andere Gegenstände Schlagen,
- fehlendes Interesse,
- ziehen sich zurück,
- sind ausdruckslos,
- schrilles Schreien und
- häufig Darmentzündungen mit Durchfall,
- sind oftmals sehr aggressiv, können aber andere Gefühle schwer zeigen.

Aufgrund ihrer Einschränkungen benötigen die meisten betroffenen Kinder lebenslange Hilfe und Unterstützung.

Die Ursache[116]

Die Untersuchungen, Studien und Beobachtungen der Eltern zeigen einen möglichen Zusammenhang von autistischen Störungen mit Impfungen. Je mehr Impfungen und je früher Impfungen, besonders Mehrfach-Impfungen, stattfinden, umso größer scheint das Risiko zu sein, eine derartige Entwicklungsstörung unterschiedlicher Intensität zu entwickeln.

Durch ein Zusammenspiel von Impfungen mit ihren möglichen Nebenwirkungen und den folgenden Medikamenten wie chemischen Fiebersenkern und Antibiotika steigt das Risiko an, Störungen im Gehirn zu entwickeln, die für die Symptome der ASS verantwortlich sein können.

Die Studie, die einen möglichen Zusammenhang zwischen Autismus und Impfungen das erste Mal belegte, wurde in den USA unter Verschluss gehalten. Erst durch einen leitenden Wissenschaftler des CDC (Center for Disease Control and Prevention) wurde diese Studie öffentlich.[117]

Die biochemische dahinterliegende Störung ist eine Störung der Mitochondrien (Teil der Zelle, „Kraftwerk der Zelle"), die das Energiesystem der Zelle verändert, Gehirnhautentzündung (Meningitis) verursacht und sich als regressive Gehirnstörung (Enzephalopathie) zeigt.[118]

Eine Praxisstudie, 21. 3. 2019:
Autismus 16 Mal häufiger bei Geimpften[119]

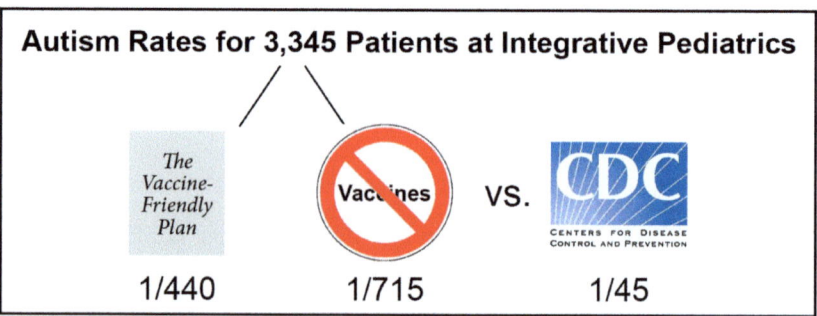

A Real Life Data. Ein Kinderarzt in den USA ist einen mutigen Schritt gegangen und hat 3 345 Klientendaten hinsichtlich Impfen und der Diagnose Autismus ausgewertet.

Die Tabelle zeigt eine Autismusrate bei einem reduzierten Impfplan (The Vaccine Friendly Plan; ein Autismusfall bei 440 Kindern), bei nicht geimpften Kindern (ein Autismusfall bei 715 Kindern) und die Autismuszahlen der CDC (Zentrum für Seuchenkontrolle und Prävention, dem amerikanischen Gesundheitsministerium unterstellt) in den USA bei vollem Impfprogramm (ein Kind von 45 Kindern entwickelt Autismus).

Das Ergebnis: *Nicht Geimpfte bekommen mindestens 16 Mal seltener eine Autismus-Diagnose.*

Der Kinderarzt Dr. Paul Thomas hat 15 000 Patienten und kommt zu dem Schluss, dass die Masern-Impfung Autismus auslösen kann. Er ist in Oregon tätig und sagt: „Ich würde meine Enkelkinder nicht impfen."[120]

Der Medizinjournalist Neil Z. Miller durchforstete 2012 die US-amerikanische VAERS-Datenbank und veröffentlichte folgende Daten von 1990 bis 2010:[121]
VAERS bedeutet „Vaccine Adverse Event Reporting System" und ist das Meldesystem für Impfgeschädigte in den USA.
38 801 Impfschäden waren beschrieben.
Bei 13 % handelte es sich um schwerwiegende Schäden mit Krankenhausaufenthalt, bleibenden neurologischen Schäden und Todesfolgen.
1 959 Kinder erhielten eine Dreifach-Impfung, 243 mussten ins Krankenhaus, das entspricht 12,4 %.
3 909 Kinder erhielten eine Vierfach-Impfung, 561 mussten ins Krankenhaus, das entspricht 14,4 %.
10 114 Kinder erhielten eine Fünffach-Impfung, 1 463 mussten ins Krankenhaus, das entspricht 14,5 %.
8 454 Kinder erhielten eine Sechsfach-Impfung, 1 365 mussten ins Krankenhaus, das entspricht 16,1 %.

5 489 Kinder erhielten eine Siebenfach-Impfung, 1 051 mussten ins Krankenhaus, das entspricht 19,1 %.

2 817 Kinder erhielten eine Achtfach-Impfung, 661 mussten ins Krankenhaus, das entspricht 23,5 %.

Je mehr Impfungen, umso höher also das Risiko, schwere Impfschäden zu entwickeln. Je mehr Impfungen, umso höher die Lebensgefahr. Je jünger das Kind zum Zeitpunkt der Impfung, umso höher das Risiko für schwere Impfschäden. Je jünger das Kind, umso höher das Risiko, daran zu sterben.

Je mehr Impfstoffe ein Kind gleichzeitig erhält, umso höher die Gefahr einer Krankenhauseinweisung aufgrund von Impfkrankheiten.

Die USA entrichten 2,7 Milliarden Dollar pro Jahr Entschädigung an Impfgeschädigte.[122]

Das Meldesystem für Impfstoffnebenwirkungen VA-ERS – nur 1 % Nebenwirkungen werden gemeldet

Laut Vaccine Injury Act gibt es im Jahr 2018 62 803 gemeldete Impfschäden in den USA. Laut Ex-Kommissär der FDA wird nur 1 % der Schäden gemeldet. Würden wir das hochrechnen auf eine 100 %ige Gesamtsumme, bekämen wir 6 280 300 (6 Millionen 280 Tausend und 3 Hundert) impfgeschädigte Fälle in den USA für das Jahr 2018. Selbst bei diesem großen Land mit 327 Millionen Einwohnern ist das eine Menge.

Ein kleines Schmankerl am Rande: Pandemrix – der Schweinegrippe-Impfstoff produzierte 2 900 Impfkranke. Daher wurde die Impfung eingestellt, 30 Millionen Impfdosen wurden vernichtet, das entspricht über 200 Millionen Euro. In Finnland und in den anderen skandinavischen Ländern wurden 22 Millionen Euro Entschädigungsgelder dafür gezahlt.

Eine interessante Meldung aus Japan: Dieses asiatische Land hat weltweit die höchste Lebenserwartung und die niedrigste Kindersterblichkeit, und das, obwohl – oder gerade weil – es eine sehr zurückhaltende Impfpolitik verfolgt. Impfungen sind allgemein nicht verpflichtend. Eine Reihe von Impfstoffen, die beispielsweise in den USA und einigen europäischen Ländern Pflicht ist, wurde in Japan sogar verboten, darunter die

Kombinationsimpfung MMR gegen Masern, Mumps und Röteln. Die Regierung reagierte damit auf eine ungewöhnlich hohe Rate von Nebenwirkungen unter Kindern nach Einführung des Präparates im Jahr 1989.[123] Ebenso wurde die HPV-Impfung in Japan vom Impfkalender genommen.

Impfschäden durch HPV-Impfung – www.SaneVax.org – Information ausschließlich über HPV-Schäden124

Die Präparate heißen: Gardasil, Sildgard, Cervarix

Hier die Fotos einiger Mädchen, die durch die HPV-Impfung lebenslänglich und nachweislich geschädigt sind:

Der Brief von Sanevax an die FDA mit der Bitte um Aufklärung zum Sachverhalt, warum die HPV-Impfung überhaupt zugelassen wurde, wenn sie so viele Schäden anrichtet (auch bei männlichen Kindern und Jugendlichen), blieb unbeantwortet.

Die Kommentare der betroffenen Eltern und auch mancher Mädchen, di neben ihrem Leidensweg nach der HPV-Impfung dazu noch in der Lage sind, finden Sie auch auf der Sanevax-Website unter Comments:https://sanevax.org/fda-commissioner-investigate-gardasil-trials/

HPV-Impfung – VAERS-Report vom 14. 7. 2019 – Impfgeschädigte durch die HPV-Impfung in 2018:[125]

Event	Female	Male	Unknown	Totals
bleibende Behinderungen nach Impfung	2816	139	76	3031
Tote nach Impfung	381	32	97	510
Fälle, die sich nicht wieder erholten	11,550	936	256	12,742
abnormale Abstriche nach Impfung	681	1	5	687
Zervikale Dysplasie – Zellveränderungen am Muttermund – Schädigung und kein Schutz durch Impfung!	338	1	6	344
Zervix-Karzinom – Schädigung und kein Schutz durch Impfung	173	n/a	6	179
lebensbedrohliche Zustände nach Impfung	887	87	16	990
Einweisungen in die Notaufnahme nach Impfung	13,662	1576	175	15,413
Krankenhausaufenthalte nach Impfung	5851	357	101	6,309
lange Krankenhausaufenthalte nach Impfung	283	17	1	301
ernsthafte Schäden	8541	506	256	9,303
TOTAL REPORTS	44,303	7,192	11,192	62,687

Der Sechsfach-Impfstoff „Hexavac" – vom Markt genommen[126]

2005 nimmt die EMA, die Europäische Arzneimittelbehörde, den Sechsfach-Impfstoff „Hexavac" vom Markt. Ungeklärte Todesfälle traten im Zusammenhang mit dem Impfstoff auf. Die Nebenwirkungen wurden aber geringgeschätzt. Fehlende Wirkung wurde als Grund für die Rücknahme vom Markt angegeben. Die Impfung führte bei Babys innerhalb von 48 Stunden zu Todesfällen. Zwischen 2000 und 2001 starben in einem halben Jahr von 130 geimpften Kindern 12 Kinder!!

Die beiden Sechsfach-Impfstoffe Hexavac und Infanrix hexa fielen bereits bei ihrer Zulassung auf. Als besonderes Problem galten starke Fieberanstiege mit Temperaturen über 40 Grad Celsius.

Der Institutsleiter Johannes Löwer vom Paul-Ehrlich-Institut, das für die Zulassung von Impfstoffen zuständig ist: „Sollte sich zeigen, dass einer der beiden Impfstoffe, Hexavac und Infanrix hexa, ein erhöhtes Risiko mit sich bringt, muss er vom Markt genommen werden. Falls beide Mittel nachweislich zum Tod führen können, müsse man grundsätzlich überlegen, ob Sechsfach-Impfungen noch durchgeführt werden dürfen."

Arznei-Telegramm: „Die EMA sieht trotz der Todesfälle keinen Anlass für eine Neubewertung der beiden Vakzine. Aus unserer Sicht erscheint der Verdacht auf einen Zusammenhang mit der Impfung jedoch nicht ausgeräumt. Die Entwarnung durch die Behörden und deren Begründung (‚der hohe Nutzen überwiegt bei weitem die Risiken') sind für uns nicht nachvollziehbar, da der gleiche Schutzeffekt auch mit weniger komplex zusammengesetzten Vakzinen erreicht werden kann. Wir raten, bis zu einer Klärung auf bewährte, weniger valente Impfstoffe zurückzugreifen."[127]

Zwischen Juli 2005 und Juli 2008 wurden insgesamt 254 ungeklärte, plötzliche und unerwartete Todesfälle bei Kindern zwischen dem 2. und dem 24. Lebensmonat in ganz Deutschland registriert, insbesondere nach vorangegangenen Sechsfach-Impfungen.

Bitte beachten Sie: Gesunde Kinder werden geimpft und sind nach einer Impfung möglicherweise tot.

Daraufhin wurde die TOKEN-Studie durchgeführt und der Zusammenhang zwischen Sechsfach-Impfung und plötzlichem Kindstod untersucht:

Das RKI, das PEI und das deutsche Gesundheitsministerium führten diese Studie durch.

Die Hauptauswertungen der Studie zeigen, dass das Risiko für einen plötzlichen Tod innerhalb von einer Woche nach

Sechsfach-Impfung nicht erhöht war.[128] Doch Kinder wurden als geimpft bezeichnet, wenn die Impfung bis zum 6. Tag vor dem Tod stattfand. Sie wurden in der Studie als nicht geimpft bezeichnet, wenn die Impfung länger als 7 Tage vor dem eingetretenen Tod stattfand!

Erfahrungen aus der Praxis: Die meisten Nebenwirkungen zeigen sich erst 4 bis 6 Wochen nach einer Impfung.

Die Kritikpunkte an der Studie:

- „Die Rate der plötzlichen, ‚zufälligen' Kindstode nach Impfungen ist nach Eliminierung der rechnerischen Tricks dreifach höher", so Ehgartner.[129]
- Die Finanzierung dieser Studie durch zwei Pharmaunternehmen – Sanofi Pasteur MSD GmbH und Glaxo Smith Kline Biologic, den Herstellern der Sechsfach-Impfstoffe. Eine unabhängige Untersuchung? Sehr fraglich!
- Mindestens ein Mitglied des wissenschaftlichen Beirats zu dieser Studie hatte ein Naheverhältnis zu beiden Pharmaunternehmen.[130]
- Hexavac wurde kurz nach Studienbeginn vom Markt genommen. Wie kam es dazu? Hatten sie einen (geheimen) Informationsvorsprung?
- Münchener Pathologen beschrieben Auffälligkeiten bei der Obduktion von SIDS-Fällen (plötzlicher Kindstod), die diese dem Impfstoff Hexavac zuschrieben.[131] Insbesondere die fehlende Einhaltung von internationalen Standards bei der Obduktion wurde stark kritisiert.[132]

Von 254 registrierten schweren Nebenwirkungen wurden 5 (!) als impfbezogen anerkannt.[133]

Wie hoch sind die Nebenwirkungsrate und die Todesrate nun wirklich?

Hexavac wurde vom Markt genommen.

Infanrix Hexa – 65 Giftstoffe gefunden. Alle Risiken. Kein Nutzen:[134] **Zum Nachdenken!**

Eine italienische Forschergruppe erhielt den Auftrag vom Italian National Order of Biologists, die derzeit auf dem Markt befindlichen Inhaltsstoffe aller Impfungen zu testen. Das Ergebnis der ersten Überprüfung wurde am 16. Dezember veröffentlicht. Die Gruppe fand heraus, dass im Sechsfach-Impfstoff Infanrix Hexa von Glaxo Smith Kline (GSK) von den angegebenen Antigenen Tetanus, Diphtherie, Pertussis, inaktivierte Poliomyelitis-Virenstämme und Hepatitis B *kein einziges Antigen* davon enthalten war. Was weiter bedeutet, dass keine Antikörper gebildet werden könnten.

Stattdessen fand man:
- 65 chemische Toxine von anderen Erzeugerlinien
- chemische Giftstoffe; Metallpartikel
- unidentifizierbare Makromoleküle
- freie Bakterienteile (potenziell allergen; können Autoimmunreaktionen hervorrufen)

Infanrix Hexa wird auf dem internationalen Markt weltweit eingesetzt. Die Impfung hat alle Risiken und keinen Nutzen.

Entwicklung von Impfstoffen und Studiendesign

Die Impfindustrie hat es geschafft, randomisierte Doppelblindstudien mit ausreichender Laufzeit zur Beurteilung der Wirkung, der Sicherheit und des Nebenwirkungsprofils zu umgehen! Impfstoffe gelten nicht als Arzneimittel, sondern als Biological und stellen Maßnahmen zum Schutz der öffentlichen Gesundheit dar. Die Sicherheitsprüfungen sind daher weniger streng als bei anderen Arzneimitteln. Die Impfstoffe werden beurteilt und die Wirkung und Nebenwirkungen werden mit einem *aktiven Placebo* verglichen und können signifikante Störungen verschleiern.[135] Das Placebo als Vergleichsstoff ist normalerweise wirkungslos.

Ein „aktives Placebo" in der Impfszene bedeutet einen veränderten Vergleich von Nebenwirkungen und eine veränderte Signifikanz der Nebenwirkungen.[136]

„Doppelblind" bedeutet: Weder der Arzt noch der Proband wissen, ob ein Placebo oder das aktive Medikament/der aktive Impfstoff verabreicht werden, um nicht beeinflusst zu sein. „Randomisiert" bedeutet: zufällige Verteilung von Placebo und aktivem zu testenden Medikament/Impfstoff.

Placebo ist eine neutrale Substanz, mit der verglichen wird, um Sicherheit, Wirkung und Nebenwirkungen zu beurteilen.

„Aktives Placebo" bedeutet: Die neutrale Substanz ist nicht mehr neutral, sondern beinhaltet ebenso einen aktiven Stoff. Aktive Placebos können andere Impfstoffe oder aluminiumhaltige Placebos sein. Damit werden mögliche Nebenwirkungen im Unterschied verändert dargestellt.

Eine Risikoabwägung ist weder für Ärzte noch für die zu impfenden Menschen möglich. Es gibt keine gesetzlichen Vorgaben für Impfstoffhersteller, die Risiken ihrer Impfstoffe untersuchen und dokumentieren zu müssen. Auch eine abschließende Nutzen-Risiko-Abwägung gibt es nicht. Untersuchungen der Sicherheit zwischen Adjuvantien (Zusatzstoffen) untereinander und zwischen Impfstoffen untereinander bei Mehrfach-Impfungen gibt es nicht. Die Folge: Die Zulassungsstudien enthalten die lapidare Feststellung, der Impfstoff wäre sicher und wirksam. Die Behörde bezieht sich auf eingereichte Impfstudien des Pharmakonzerns und verlässt sich auf bloße Angaben der Hersteller.[137] Die kurze Laufzeit und die geringe Zahl von Probanden bei Impfstudien lässt Impfreaktionen übersehen, die erst bei Massen-Impfungen an der Bevölkerung erkannt werden. Krasse Missverhältnisse von Komplikationen durch Impfungen verglichen mit Komplikationen bei natürlichen Krankheiten sind die Folgen.[138]

Bei allen Untersuchungen über Impfnebenwirkungen fehlt die nicht geimpfte Vergleichsgruppe. Doppelblindstudien zwischen

Geimpften und Nicht-Geimpften finden nicht statt. Die einzige Doppelblindstudie zwischen Geimpften und Nicht-Geimpften fand in Indien 1968–1971 statt. Die TBC-Impfung (Tuberkulose) wurde evaluiert. Das Ergebnis damals war eine Katastrophe. Die Wirksamkeit der Impfung war nicht gegeben. Die Nebenwirkungsrate war enorm. Geimpfte schnitten massiv schlechter ab. Die Studie wurde wegen der schlechten Ergebnisse abgebrochen.

Zunahme der Allergien jeglicher Art, kindlichen Rheumas und Diabetes mellitus – wodurch?

Ein medizinischer Skandal in der Impfstoffherstellung – keine systematische Risikoerforschung

Es ist völlig unverständlich und ein Skandal in der medizinischen Szene, dass bis heute keine systematische Risikoforschung zu langfristigen Impffolgen besteht. Beobachtungsräume über 10 bis 20 Jahre, große Probandenzahlen, nicht geimpfte Vergleichsgruppen, sichere, von wirtschaftlichen Belangen unabhängige Zulassungsstudien sowie Studien mit einem speziellen Design müssten zur Aufklärung beitragen, inwieweit die krasse Zunahme von kindlichem Rheuma, kindlichem Diabetes, Allergien jeglicher Art, Entwicklungsstörungen und neurologischen Erkrankungen mit Impfungen in Zusammenhang stehen. Diese Ergebnisse müssten erfasst und veröffentlicht werden. Massen-Impfungen, wie sie an Schulen üblich waren und wiedereingeführt werden sollen, ohne entsprechende Aufklärung sprechen gegen die ärztliche Ethik. *„Primum non nocere"* – *„erstens nicht schaden"* – war der erste Grundsatz in der hippokratischen Tradition und legt medizinischen Maßnahmen und medikamentöser Therapie Grenzen auf. Nur die informierte Einwilligung des Patienten ist der Ausweg aus dem ethischen Dilemma, in dem davon ausgegangen wird, dass jede medizinische Maßnahme Nebenwirkungen haben kann. Die Relation von Nutzen und Risiko muss dem betroffenen Menschen klar sein und er muss sie selbst entscheiden und tragen können. Das vollständige Zitat lautet: *„Primum non nocere, secundum cavere, tertium sanare"* – *„Erstens nicht schaden, zweitens vorsichtig sein, drittens heilen."* Die WHO meinte 1988, dass der Mensch seine eigene Verantwortung übernehmen können und dazu aufgeklärt werden muss.[139]

Mehr Tote durch Medikamenteneinnahme als im Verkehr[140] – einfach zum Nachdenken

Übrigens: In den USA starben 2014 rund 800 000 Menschen durch Medikamentennebenwirkungen. Allein 16 500 Menschen in den USA sterben jährlich an Aspirin.[141] Ebenso sterben jährlich 58 000 Menschen in Deutschland an zugelassenen Medikamenten.[142] Die im Titel zitierte Aussage bezieht sich explizit auf Todesfälle. Die Dunkelziffer, die nicht sicher kausal der Einnahme von Medikamenten zugewiesen werden kann, ist möglicherweise deutlich höher.

Wie viele Tote gibt es durch Impfungen?

Das Wissen über Nebenwirkungen der Impfungen ist besorgniserregend und bestürzend, nicht zuletzt, da Impfungen vorbeugende Wirkungen haben sollen und an völlig gesunde Menschen verabreicht werden, mit der zweifelhaften Hoffnung, nicht mehr zu erkranken. So sind Tür und Tor geöffnet für Interpretationsspielraum von Nebenwirkungen und oftmals werden Impfreaktionen als schon vorher bestehende gesundheitliche Probleme dargestellt.[143]

Die Aussage des Paul-Ehrlich-Instituts (das deutsche Bundesinstitut für Impfstoffe und biomedizinische Arzneimittel) zu

Impfkomplikationen lautet: Wir wissen es nicht. Wir wissen in Wirklichkeit nicht, wie viele Impfungen schädlich sind, das ist eine Dunkelziffer. Maximal 5 % der Impfkomplikationen werden gemeldet, in den USA angeblich nur 1 %. Langzeitfolgen bei den Impfungen werden überhaupt nicht registriert, sind nicht ausgewertet.[144]

Komplikationen von Impfungen werden verniedlicht dargestellt. Komplikationen von Krankheiten auf der anderen Seite werden jedoch von Behörden und der Impfindustrie besonders hervorgehoben, seien sie auch noch so selten. Schwere Behinderungen und Tod werden als Argumente ins Rennen geschickt, um die Menschen von der Wichtigkeit von Impfungen und vom Einsatz chemischer Medikamente zu überzeugen.

Nebenwirkungen von Impfungen haben sozioökonomische Bedeutung: Arbeitsausfälle, Krankenhaus- und Arztbesuche und Entschädigungen sind beträchtlich, werden in Kosten-Nutzen-Analysen jedoch nicht berücksichtigt.[145]

Bücher von Anita Petek-Dimmer, Hans Loibner, Daniel Trappitsch, Gerhard Buchwald usw. liefern viel zusätzliches Material zu Nebenwirkungen von Impfungen. Wollen Sie mehr Information darüber, verweise ich Sie gerne auf diese weiterführende Literatur.

Informieren Sie sich darüber, um ein Gefühl zu bekommen, wie problematisch Impfungen sein können.

Die Bombe platzt – WHO-Gipfel in Genf

am 2. 12. 2019, der im Rahmen der Global Vaccine Safety Summit (weltweiter Gipfel für Impfstoffsicherheit) stattfand:[146]

Es folgt eine Transkription eines Videos, das einen Auszug des gesamten Videomitschnitts des WHO-Gipfels in Genf, der im Dezember 2019 stattfand, darstellt.[147]

Hochrangige Gesundheitsbeamte drücken ihre Unsicherheit in Bezug auf die Sicherheit von Impfstoffen aus!

Dr. Heide Larson, MA PhD, Anthropologin, Director of The Vaccine Confidence Project:

„Wir brauchen viel mehr Studien, die die Sicherheit (von Impfstoffen) betreffen. Ohne eine gute wissenschaftliche Grundlage können wir keine positive Kommunikation nach außen aufrechterhalten. Obwohl ich über alle diese kontextabhängigen Themen und Kommunikationsprobleme spreche, brauchen wir in erster Linie eine (solide) Wissenschaft, die als Basis dient. Wir können nicht die gleichen alten wissenschaftlichen Erkenntnisse verwenden, um (das Thema) besser dastehen zu lassen, wenn wir keine aktuellen wissenschaftlichen Erkenntnisse haben, die den neuen Problemen gerecht werden können. Wir brauchen daher viel mehr wissenschaftliches Engagement in Sicherheitsfragen."

Dr. Soumya Swaminathan, M. D., Chief Scientist, WHO-Fachärztin für Pädiatrie:

„Wir können gar nicht genug betonen, dass wir in Wirklichkeit in vielen Ländern kein gutes Sicherheits-Monitoring haben. Das führt zu Kommunikationsproblemen und Missverständnissen, weil wir nicht fähig sind, klare Antworten auf die Fragen der Menschen zu geben, die Todesfälle nach bestimmten Impfungen betreffen. Und das wird dann in den Medien immer aufgeblasen. Wir sollten unbedingt einen Tatsachenbericht abliefern können, was wirklich hier passiert und was die Todesursachen sind. Doch in den meisten Fällen werden diese Tatsachen und möglichen Ursachen verschleiert und führen zu immer weniger Vertrauen in das System."

Dr. Martin Howell Friede, Coordinator, Initiative for Vaccine Research, WHO:

„Immer wenn es zu (Impf-)Problemen kommt – ob sie in zeitlichem Zusammenhang stehen oder nicht – werden zunächst die Adjuvantien (Zusatzstoffe) verantwortlich dafür gemacht. Wir wissen, dass es auch in Zukunft keine Impfstoffe ohne Adjuvantien geben wird. Von der Tetanus- bis zur HPV-Impfung brauchen die Impfstoffe Adjuvantien, damit sie wirksam sein können. Unsere zukünftige Herausforderung wird lauten: Wie bauen wir Vertrauen (in die Zusatzstoffe) auf? Das Vertrauen wird in erster Linie von den Aufsichtsbehörden (Gesundheitsbehörden/regulatory agencies) geprägt. Wir verwenden Zusatzstoffe, weil sie notwendig sind. Wir fügen sie nicht ohne Grund bei. Weil wir sie hinzufügen müssen, wird alles sehr komplex. Ich halte jedes Jahr Seminare über die Entwicklung neuer Impfstoffe. Die erste Lektion in der Entwicklung von Impfstoffen lautet immer: Wenn du Adjuvantien vermeiden kannst, dann vermeide sie. Lektion zwei ist: Wenn du unbedingt einen Zusatzstoff verwenden musst, verwende einen, der lange erprobt und sicher ist. Und Lektion drei ist: Wenn das nicht erfüllt werden kann, denke besonders gut über die folgenden Schritte nach."

Dr. Stephen Evans, Professor für Pharmakoepidemiologie:
„Es scheint, dass Adjuvantien die Immunogenität[148] eines Antigens verstärken. Das ist ihre Funktion. Sie scheinen die Reaktivität auf vielen Ebenen zu verstärken, und so ist es für mich wenig verwunderlich, dass sie die Zahl der Nebenwirkungen, die mit dem Antigen in Zusammenhang stehen, ebenfalls verstärken. Das wurde aber scheinbar durch einen Mangel an statistischer Aussagekraft in den ursprünglichen Studien nicht entdeckt."

Dr. Martin Howell Friede, PhD, Coordinator, Initiative for Vaccine Research, WHO:
„Das ist richtig. Indem wir Adjuvantien hinzufügen, besonders die neueren Zusatzstoffe wie AS01, abgeleitet von den Saponinen, sehen wir verstärkt lokale Reaktionen. Doch unsere wirkliche Besorgnis gilt nicht den lokalen Reaktionen, sondern den systemischen Nebenwirkungen. In Phase-II- und Phase-III-Studien bekommen wir mittlerweile gute Ergebnisse in Bezug auf die lokalen Nebenwirkungen. Die über 50-Jährigen unter uns, die kürzlich die Impfung gegen Gürtelrose bekommen haben,

werden bemerkt haben, dass die ernsthaften lokalen Reaktionen auf die Impfung kein Thema mehr sind. (…) Doch das Hauptproblem, dem wir derzeit gegenüberstehen, sind Vorwürfe von Langzeitfolgen und Langzeitnebenwirkungen. Somit komme ich zurück zu den Gesundheitsbehörden (regulators). Es wird darauf hinauslaufen, in Zukunft sicherzustellen, dass Phase-II-und Phase-III-Studien mit einer entsprechend großen Zahl an Studienteilnehmern und neuesten Messmethoden durchgeführt werden."

Dr. David Kaslow, M. D., V. P., Essential Medicines, Drug Development Program PATH, Center for Vaccine, Innovation and Access (CVIA):
„In unseren klinischen Studien verwenden wir in Wirklichkeit kleine Probandenzahlen und setzen uns damit der Kritik über zu geringe Teilnehmerzahlen aus. Wenn wir einen Fall von Wegener'scher Granulomatose haben und eine Impfung steht damit in Verdacht, ursächlich beteiligt zu sein, meinte Walt schon dazu: ‚Wie wollen wir eine Null-Hypothese (den nicht vorhandenen Zusammenhang) darstellen?' Es dauert Jahre um das herauszufinden, und so bleibt es weiterhin ein Rätsel, richtig? Während wir uns mit kleinen Zahlen herumschlagen müssen, gilt es, die Menge der Probanden zu vergrößern. Und ich denke auch weiter – wir müssen auch in bessere Biomarker und in ein besseres mechanistisches Verständnis, wie die Dinge funktionieren könnten, Forschung investieren, damit wir Nebenwirkungen besser verstehen können, sobald sie auftauchen."

Dr. Marion Gruber, Director, Office of Vaccines Research and Review Center for Biologics Evaluation and Research, FDA:
„Eine Tatsache verkompliziert die Sicherheits-Evaluierungen deutlich, und das ist die Dauer von Follow-up-Studien, die angemessen wäre, wenn wir von vorlizenzierten (pre-licensed) und Post-Marketing-Studien sprechen. Noch einmal, du hast die vorlizenzierten klinischen Studien angesprochen, die nicht genug Aussagekraft hätten: Also zählen hier auch die unterschiedlichen Bevölkerungsgruppen, denen ein Zusatzstoff

verabreicht wird – ein Zusatzstoff, der einem Antigen zugesetzt wird. Bei manchen Personen löst er gar keine Reaktion aus, wie bei älteren Leuten, verglichen mit einer zum Beispiel jüngeren Population, die die gleiche Zusammensetzung verabreicht bekommt. Das sind Dinge, die ebenfalls berücksichtigt werden müssen, und die weitere Sicherheitsstudien und Wirksamkeitsstudien zu Adjuvantien in Kombination mit Antigenen komplizieren machen."

Dr. Bassey Okposen, Program Manager, National Emergency Routine Immunization Coordination Center (NERICC), Abuja, Nigeria:
„Ich bin mit meinen Gedanken in Nigeria, wo einem 6 Wochen alten, 10 Wochen alten und 14 Wochen alten Kind verschiedene Impfungen verabreicht werden, von verschiedenen Unternehmen, mit unterschiedlichen Zusatzstoffen, unterschiedlichen Konservierungsmitteln usw. Da kommt bei mir die Frage auf, ob es nicht auch Kreuzreaktionen zwischen den unterschiedlichen Zusatzstoffen und Konservierungsstoffen geben könnte. Hat es jemals eine Studie gegeben, die die Möglichkeit von Kreuzreaktionen untersucht hat, und wäre es nicht angebracht, diese Studien mit uns zu teilen?"

Dr. Robert Chen, M. D., wissenschaftlicher Leiter, Brighton Collaboration – die Antwort auf die Anfrage von Dr. Bassey Okposen:
„Der einzige Weg, diese Information herauszukitzeln, ist, wenn wir große Datenbanken hätten, wie die große Datenbank zur Impfstoffsicherheit sowie einige der anderen nationalen Datenbanken, die sehr wertvoll sein werden. Aktuelle Impfstoffexposition wird heruntergebrochen werden müssen auf die Frage: Wer ist der Hersteller und was ist die Chargennummer? Es gibt Initiativen, die die relevanten Daten eines Impfstoffs als Barcode aufgedruckt haben wollen. In Zukunft können dann die relevanten Daten leichter herausgekitzelt werden. Je mehr wir die Informationen zerlegen, umso herausfordernder werden die Stichproben. Und wie ich schon früher sagte, stehen

wir erst am Beginn einer Ära, wo wir große Datensätze mit anderen Datenbanken aus großen Studien hoffentlich bald abgleichen werden können. Tatsächlich gibt es diese Bestrebungen. Helen wird darüber noch etwas sagen. Kurz, wir werden versuchen, mehr nationale Datenbanken zur Impfstoffsicherheit zu bekommen und miteinander zu verbinden, um überhaupt Antworten auf diese Art von Fragen, die du gerade gestellt hast, geben zu können."

Prof. Heide Larson, Professor of Anthropology, Risk and Decision Scientist, Director, Vaccine Confidence Project:

„Die andere Sache ist, dass wir einen Trend und ein Problem sehen. Es geht nicht nur um die Vertrauenswürdigkeit der Impfstoffhersteller, sondern auch um die Vertrauenswürdigkeit der Behörden, die für die Gesundheitsvorsorge zuständig sind. Wir haben eine schwach informierte vordere Front der Gesundheitsbehörden, die Impfungen und die Sicherheit von Impfungen infrage zu stellen beginnen. Wenn die Gesundheitsbehörden an vorderster Front Impfungen in Frage stellen oder auch nicht genug Vertrauen in die Sicherheit haben, dann können sie den Menschen nicht überzeugend gegenübertreten, die Fragen stellen. In den meisten Praktika an den medizinischen Universitäten und Schwesternschulen können wir uns glücklich schätzen, wenn wir einen halben Tag etwas übers Impfen hören. Egal, ob sie auf dem Laufenden sind oder nicht."

Wenn hochrangige Gesundheitsbehörden ihre Unsicherheit in Bezug auf Impfstoffsicherheit ausdrücken, warum nicht auch Sie?

Wenn hochrangige Gesundheitsbehörden ihre Unsicherheit in Bezug auf Impfstoffsicherheit ausdrücken, würden Sie sich nun impfen lassen?

Einfach zum Nachdenken …

Der Oberste Gerichtshof der USA stellt fest: Impfungen sind ‚unvermeidbar unsicher'

von Mag Claudia Millwisch

Die Quelle für diese Aussage finden Sie unter Bruesewitz v. Wyeth LLC, 131 S. Ct. 1068, 179 L.Ed.2d 1 (2011), http://www.supremecourt.gov/opinions/10pdf/09-152.pdf

Diese Aussage ist auch in der Petition des „European Forum for Vaccine Vigilance" enthalten. Hier ist der Link zur gesamten Petition: https://www.change.org/p/europaparlament-europ%C3%A4i-sche-komission-europarat-respekt-f%C3%B6rderung-und-indivi-duelle-wahl-bei-impfungen-nach-information-und-zustimmung.

Impfstoffsicherheit seit 32 Jahren nicht untersucht – US-Gericht bestätigt Betrug

von Mag. Claudia Millwisch

Robert Francis Kennedy, der Neffe des 35. Präsidenten der USA, ist Anwalt, Autor, Pharmakritiker, Wasserschützer und Umweltaktivist. Er ist Herausgeber der Information www.childrenshealthdefense.org, früher www.mercuryproject.org.

Gemeinsam mit Del Bigtree, dem Gründer von ICAN in den USA, dem Informed Consent Action Network, ist ihm ein großartiger Erfolg gelungen. ICAN, vertreten durch Dr. Robert F. Kennedy, hat das Ministerium für Gesundheitspflege und Soziale Dienste (United States Department of Health and Human Rights) der USA geklagt. Und gewonnen![149]

Worum ging es denn bei diesem Verfahren?

Bis zum Jahr 1986 fanden immer mehr Klagen von Opfern von Impfungen gegen die Hersteller in den USA statt. Als Antwort wurde 1986 der „National Childhood Vaccine Injury Act" ins Leben gerufen, der die Impfstoffhersteller von jeglicher Haftung befreit. Durch die Freistellung von der Haftung der Pharmafirmen ging die Verantwortung für Impfschäden an das Ministerium für Gesundheit über.

Von nun an wurde das Produkt „Impfstoff" und seine Sicherheit von der Profitmaximierung, die durch Herstellung und Verkauf möglich war, getrennt. Und das passierte weltweit.

1983 gab es laut Childhood Immunization Schedule lediglich 11 Impfungen auf dem Impfkalender, während es 2018 bereits 56 Impfungen mit 30 verschiedenen Impfstoffen waren. Nach momentanem Stand müssen US-amerikanische Kinder 72 Impfungen bis zum 18. Lebensjahr verabreicht bekommen. Und das als Pflichtimpfung, ohne Ausnahme, egal, ob Kinder krank oder behindert sind, egal, ob sie die ersten Impfungen vertragen haben oder nicht, egal, ob ihre Religion die Verabreichung der Impfung aus ethischen Gründen verbietet oder nicht. Die Befreiung von verpflichtenden Impfungen wurde deutlich eingeschränkt, so sehr, dass in New York jüdische, ungeimpfte Familien und Gemeinschaften ihre Häuser nicht mehr verlassen durften.

Um die Erfüllung der Verpflichtung zur Wahrung der Sicherheit von Impfungen, gemäß 42 U.S.C. 300aa-27c nachvollziehen zu können, ist vorgesehen, dass „ab 22. Dezember 1987 innerhalb von 2 Jahren und danach weiter in regelmäßigen Abständen von 2 Jahren, der Minister (das HHS) dem Ausschuss für Energie und Wirtschaft des Repräsentantenhauses und dem Ausschuss für Arbeit und Humanressourcen des Senats einen Bericht übermittelt, in dem die Maßnahmen beschrieben werden, die gemäß Unterabschnitt (a) innerhalb des jeweiligen 2-Jahresabschnitts getätigt wurden".

Um die Sicherheit von Impfungen zu gewährleisten wurde festgelegt:
• Forschungen zur Sicherheit von Impfstoffen
• Weiterentwicklung und Verbesserung der Impfstoffe
• Sicherheits- und Effizienztestungen der Impfstoffe

- Sicherere Kinder-Impfungen als zum Stand von 1986
- Verbesserung bei der Lizensierung, Erzeugung, Entwicklung, Testung, Etikettierung, Warnhinweisen, Gebrauchsanweisung, Vermarktung, Lager, Verwaltung, Marktbeobachtung, unerwünschten Nebenwirkungen, Berichtfassung darüber, Rückruf von reaktogenen Lieferungen von Impfungen, Forschungen über Impfungen wurden beauftragt, um ein höheres Sicherheitsrisiko von Impfungen zu erfüllen. Es wurde eine Task Force on Safer Childhood Vaccines (42 U.S.C. 300aa-27(b)) unter dem Vorsitz des Kommissärs der FDA und dem Leiter der CDC gegründet, die dem Gesundheitsminister alle 2 Jahre Berichte vorlegen sollte und diese auch an den Ausschuss für Energie und Wirtschaft, sowie an den Ausschuss für Arbeit und Humanressourcen und dem Repräsentantenhaus vorgelegt werden müssen.

Dem Recht auf Information entsprechend verlangte nun der Kläger vom Gesundheitsministerium die entsprechenden Berichte.

Nun begann die fieberhafte Suche der US-Behörden nach Jahresberichten seit 1986.

Ergebnis: Trotz mehrmaliger Aufforderung konnten keine Berichte geliefert werden. 32 Jahre lang wurden die Verpflichtungen von allen beteiligten Organen nicht erfüllt. Es gab keine Qualitätskontrollen und keine Sicherheitstests von Impfungen.

Das bedeutet derzeit einen Absatz von Impfstoffen in den USA mit garantierten Einnahmen in einem haftungsfreien Markt von 78 Millionen amerikanischen Kindern.

Was folgt daraus?

Könnten Zwangsimpfungen wegen des Fehlens der Qualitätskontrollen der letzten 32 Jahre in den USA – und weltweit – gestoppt werden? Weitere rechtliche Schritte werden das zeigen.

Auf Grund des Gerichtsurteils könnte es sein, dass die Existenzberechtigung der 5 US Agenturen, CDC, FDA, IOM, NIH, und des Gesundheitsdepartments des DHHS in Frage gestellt werden müsste?

Dies wiederum könnte Auswirkungen auf die europäische Behörde EMA (European Medicines Agency)und jene Agenturen im deutschsprachigen Raum, in Österreich AGES (Österreichische Agentur für Ernährungssicherheit) und BASG (Bundesamt für Sicherheit im Gesundheitswesen), in Deutschland BfArM (Bundesinstitut für Arzneimittel und Medizinprodukte), sowie auf das Paul-Ehrlich-Institut (deutsches Bundesinstitut für Impfstoffe und biomedizinische Arzneimittel) und das Robert Koch-Institut (deutsche Bundesoberbehörde für Infektionskrankheiten und nicht übertragbare Krankheiten, zentrale Forschungseinrichtung), und in der Schweiz auf Swissmedic (Schweizerisches Heilmittelinstitut, Schweizerische Zulassungs- und Kontrollbehörde für Heilmittel) haben.

Ab nun könnten Eltern von impfgeschädigten Kindern, Arbeitnehmer, die gezwungen wurden sich impfen zu lassen, um eine existentiell wichtige Arbeit zu bekommen, Eltern, die ihren Kindern ihr Recht auf Bildung gewähren lassen wollten und alle Menschen, die durch eine Zwangsimpfung geschädigt wurden, rechtliche Schritte unternehmen, um Schadenersatz zu bekommen, nicht auf Grund des Produktes, für das nicht gehaftet werden muss, sondern auf Grund des gerichtlichen Bescheides und dem Fehlen der gesamten Qualitätskontrollen von Impfstoffen der letzten 32 Jahre.

Könnten nun nicht auch alle Regierungsbeamten, die Gesetze verabschiedet haben, die Impfstoffbetrug auf staatlicher, nationaler oder internationaler Ebene legalisiert oder diesen anderweitig unterstützt haben, wegen kriminellen Fehlverhaltens angeklagt werden? Öffentliche Stimmen mehren sich in diese Richtung.

Bayer Monsanto musste dies vor kurzem in dem Verfahren Mr. Johnson gegen Bayer, das Robert F. Kennedy für einen Arbeiter geführt hat, wegen Glyphosat durch ein Gerichtsurteil zur Kenntnis nehmen, indem die Firma Bayer nun Millionen wegen dessen Krebserkrankung durch Glyphosat bezahlen musste. Der Schadenersatz wurde mit 289 Millionen US-Dollar, dann mit 78 Millionen US-Dollar festgesetzt. Die Aktienkurse von Bayer sanken rapide.[150]

„Behörden werden nicht viel mit Impfungen, aber durch Impfungen zu tun haben", so Prof. Stanley Plotkin, „Impfpate".[151]

Plotkin, weltweiter Experte der Impftheorie, gibt auch zu, dass Impfungen nicht schützen. Es ist ein Auftrag zum Rückzug: „Impfungen sind weder sicher noch wirksam"[152], so Plotkin. Wie sieht es nun mit der Glaubwürdigkeit der pharmaproduzierenden Konzerne aus?

Wie sieht es mit der Naturheilkunde aus, die in ständigem Kampf mit der allopathischen Industrie in den Abgrund gestürzt werden soll?

Welche Auswirkungen wird das auf die Existenz der Mainstream-Medien haben, deren größter Kunde die Pharmaindustrie ist? Öffnen Sie Zeitungen und schauen Sie TV-Sendungen: Medizinserien und Informationssendungen vertreten die Wichtigkeit der chemisch-allopathischen Medizin.

Was ist nun zu tun?

Jeder ist aufgerufen sich zu informieren, nachzudenken, aufzustehen und seine eigene Meinung zu vertreten. Danke an all jene mutigen Menschen, die Grenzen aufgezeigt haben. Nun ist es an Ihnen in Ihre Verantwortung zu gehen. Sie sind in guter Gesellschaft, Sie sind nicht alleine. Wir sind viele und wir werden mehr – täglich, stündlich, jede Minute.

Kennen Sie eigentlich
den Beipacktext
Ihrer verabreichten Impfung?

Wenn ein Apfel Folgendes enthält:

- Quecksilber
- Aluminium
- Formaldehyd
- tierische und fötale Zellen
- Polisorbat 80
- Antibiotika
- Nanopartikel
- Squalen
- u. a.

Würden Sie ihn essen?
All das befindet sich in Impfstoffen.

Wissenschaft und Profit

1666 wurde die britische Wissenschaftsgesellschaft gegründet. Damals wurde festgelegt, dass der wissenschaftliche Beweis Vorrang hat vor jeder Spekulation. Im Laufe der Jahre und Jahrhunderte wurden Wissenschaft und Medizin immer stärker an die Wirtschaft gekoppelt. Die Wirtschaftlichkeit erhielt den Vorrang vor dem reinen Nutzen und die wissenschaftliche Beweisführung für medizinische Thesen folgte der Rendite. So meldete 2016 der „Global Corruption Report" in Bezug auf das Gesundheitswesen, dass dort Korruption auf allen Ebenen stattfindet. Vom Gesundheitsministerium abwärts ist Wissenschaft korrumpiert, die Studien sind frisiert, zum Teil manipuliert und die medizinischen Journale wurden zum verlängerten Arm der Pharmaindustrie.[153] Wissenschaft unterliegt somit Zwängen, die sie den wirtschaftlichen Belangen unterordnen. Forschungsergebnisse, die der allgemeinen Ansicht nicht dienen, werden nicht veröffentlicht. Unabhängige Forschung und staatlich geförderte Wissenschaft wurden voneinander getrennt.

Interessenskonflikte – „Geld regiert die Welt"

Beschäftigt man sich mit dem Thema Impfen, so fällt auf, dass sich Menschen, die sich auf der gesundheitspolitischen Ebene für das Impfen einsetzen, oft in Kontakt mit der pharmaproduzierenden Industrie befinden, also in einem Interessenskonflikt zwischen monetären Interessen und der Notwendigkeit und Sinnhaftigkeit von Impfungen und der Sicherheit von Impfstoffen in Bezug auf Nebenwirkungen und Giftigkeit stehen.

So gehen Expertengruppen in der Medizin auf der ganzen Welt unterschiedlich mit dem Thema Interessenskonflikt um.

In Österreich ist es der oberste Sanitätsrat, ein medizinisch-wissenschaftliches Organ im Gesundheitsministerium angesiedelt, das für das Gesundheitsministerium in beratender Funktion tätig ist und 39 Experten der Medizin, der Pflege sowie der Gesundheitsplanung und

-finanzierung umfasst. Diese 39 Mitglieder werden mittels Fragebogen über etwaige Interessenskonflikte befragt, müssen diese aber nicht öffentlich, zum Beispiel auf der Website, deklarieren. Wer mit wem in einem Naheverhältnis steht, bleibt im Dunkeln.

Die STIKO, die ständige Impfkommission, ist eine derzeit 18-köpfige Expertengruppe in Deutschland, die beim Robert Koch-Institut in Berlin angesiedelt ist und sich mit den gesundheitspolitisch wichtigen Fragen zu Schutzimpfungen und Infektionskrankheiten in Forschung und Praxis beschäftigt und entsprechende Empfehlungen herausgibt. Zehn der 18 Experten stehen in Kontakt mit der Pharmaindustrie, was zur Folge hat, dass sie sich bei Abstimmungen innerhalb des Expertengremiums ihrer Stimme enthalten müssen. Seit ungefähr 7 Jahren muss der Interessenskonflikt der einzelnen Mitglieder auf der Website ausgewiesen sein.

Die Deutsche Gesellschaft für Allgemeinmedizin und Familienmedizin (DEGAM) beschreibt im Jahr 2009, dass die STIKO in ihren Empfehlungen für Impfungen nicht allein von sachlich-wissenschaftlichen Interessen geleitet worden sei. Der Ruf der STIKO ist schwer angeschlagen. In der Ärztezeitung vom April 2011 bittet daraufhin der damalige Vorsitzende alle Skeptiker um einen Vertrauensvorschuss.[154]

Die eidgenössische Kommission für Impffragen in der Schweiz veröffentlicht ihre Interessenskonflikte auf der Website.

Legendär sind die Interessenkonflikte der obersten Gesundheitsbehörde in den USA, Center for Disease Control and Prevention (CDC), mit der Pharmaindustrie.[155]

Die Weltgesundheitsorganisation WHO ist die Koordinationsbehörde der Vereinten Nationen für das internationale öffentliche Gesundheitswesen. Es handelt sich dabei um eine Sonderorganisation der Vereinten Nationen mit Sitz in Genf und besteht seit 1948 aus insgesamt 194 Mitgliedsstaaten. Ihre kürzlich getätigte Aussage ließ aufhorchen, nachdem sie Impfgegner als die größte derzeitige Bedrohung der Weltgesundheit ansieht.[156] Die pharmazeutische Industrie steuert einen Großteil der Mittel zur Finanzierung der WHO bei. Unabhängige Wissenschaftler sehen die WHO als nicht vertrauenswürdig an.[157] Die Bill-und-Melinda-Gates-Stiftung sowie die Rockefeller-Stiftung bringen den Hauptanteil des Finanzvolumens der privaten Geldgeber der WHO mit, die im Rahmen von „Public Private Partnerships" den weltweiten Impfprogrammen ihren Stempel aufdrücken.[158]

Im British Medical Journal im Dezember 2019 wird anlässlich der Verbindung zur Industrie von Stanley Plotkins, Erfinder des Rötel-Impfstoffes und langjähriger und führender Mann in der weltweiten Impfanwendung, Stellung genommen. „Dr. Plotkin ist ein bezahlter Arzt von Sanofi Pasteur, Glaxo Smith Kline, Merck, Pfizer, Inovio Pharmaceuticals, Variations Bio, Takeda Pharmaceutical Company, Dynavax Technologies, Serum Institute of India, CureVac, Valneva SE, Hookipa Pharma, und NTxBio. Vaxconsult ist Berater in der Impfstoff-Entwicklung." Massiv gefordert wird eine Offenlegung der Interessenskonflikte, da die Geheimhaltung das Vertrauen der Bevölkerung in Impfsicherheit untergräbt.[159] Ein Video zeigt die Auswüchse der

Impfstoffherstellung: Totes Gewebe von Föten wird in Impfstoffen verwendet, Impfstoffe wurden experimentell an Waisenkindern und geistig behinderten Kindern, an Babys von Müttern in Gefängnissen, an 1 Million Menschen im damaligen Belgisch Kongo durchgeführt. Dieses schockierende Video enthält so viele Informationen. Ein Muss, es anzusehen.[160]

Doch wie steht es mit den Ärzten selbst? Ärzte, die unabhängig von einer pharmabeeinflussten Fortbildung für sich selbst eine objektive Meinung zum Thema Impfen suchen? Ärzte, die selbst unter monetären Interessen am großen Kuchen der Pharmaindustrie teilhaben und ihr Leben und das ihrer Familien damit bestreiten? Und wie steht es mit den Ärzten, die gegen ihr Gewissen handeln müssen, weil Druck von einer Medizinergesellschaft, die sich den Mantel der Wissenschaft umgehängt hat, ausgeübt wird? Prof. Dr. Rüdiger Zuck, Verfassungsrechtler, sagt dazu:

„… da der Arzt nicht gezwungen werden kann, gegen sein Gewissen zu handeln, darf er ernsthafte Einwände gegen den medizinischen Standard äußern und den Patienten darüber informieren, auch aus der besonderen Sicht der von ihm vertretenen besonderen Therapierichtung. Er trägt aber auch hier die Beweislast dafür, dass solche ernsthaften Einwände über eine persönliche Überzeugung hinaus gegeben sind", Zuck, 2006.

Die Verbindung zwischen Medizin und Wirtschaft ist offensichtlich. Die Medizin unterliegt einem Profit- und Renditezwang.[161] Sehr leicht ist nachzuvollziehen, dass die ethischen Standards der Forschung durch eine Vermischung von Wissenschaft und Kommerz untergraben werden.[162] Wissenschaftliche Arbeiten könnten an das erhoffte Ergebnis angepasst werden, wobei dem Einzelnen keine persönliche Schuld und Absicht zuzuschreiben ist. Es ist mehr der Spiegel einer inneren Haltung der Menschheit an sich, wo Profit, Ausbeutung, Macht und Kontrolle dominieren. Selbst Wissenschaft und Forschung sind zwei Felder, die miteinander nichts mehr zu tun haben. Interessenskonflikte von Wissenschaftlern verzerren die Darstellung und Interpretation von Forschungsdaten. Forschung passt sich als Pseudoforschung der monetären Herrschaft der Wissenschaft an. Staatliche

Forschungsgelder und Gelder der Industrie fließen an medizinische Fakultäten der Universitäten und ermöglichen die Anstellung von wissenschaftlichem Personal. Wissenschaftliche Autoritäten des öffentlichen Lebens stehen im Spannungsfeld zwischen echter Forschung und monetären Interessen.[163] Sie zeichnen Studien ab, die mehr den Geldgebern als der wissenschaftlichen Wahrheitsfindung verpflichtet sind.[164] Fehlentwicklungen sind die Folge. Die Zweifler, Mahner und Aufdecker, meist in der Minderheit, die sich lautstark zu Wort melden, werden mit dem Hinweis auf „Unwissenschaftlichkeit" mundtot gemacht. Forschung, die unabhängig ist, hat wenig Chance. Oder?

Interessensgelenkte Impfforschung,[165] Korruption in der Wissenschaft, unterschlagene Studien, manipulierte Studien und korrumpierte Fachzeitschriften[166] dominieren das Bild. Die Wirksamkeitsnachweise beschränken sich auf die Antikörperbestimmung, Vergleichsgruppen von Probanden mit einem echten Placebo, zum Beispiel einer Kochsalzlösung, gibt es nicht. Adjuvansplacebo ist zu einem neuen Schlagwort geworden und meint, neuentwickelte Impfstoffe werden mit anderen Impfstoffen oder mit aluminiumhaltigen Placebos verglichen. Dadurch ist die signifikante Darstellung von Nebenwirkungen beeinträchtigt.[167] Versuchsprotokolle können nachträglich geändert, Versuchspersonen ohne Begründung ausgeschlossen werden, Konkurrenzprodukte unterdosiert und die Zusammensetzung von Vergleichsgruppen „angepasst" werden.[168] Derart „frisierte" Studien sind dadurch mangelhaft.

Entstellten Darstellungen, in denen berichtet wird, wie Gehirnentzündungen durch die Masern-Impfung verschwunden sind, steht entgegen, dass die Anzahl schwerer Gehirnentzündungen im Rahmen *aller* Infektionen gleich blieb.[169] Impfprogramme gegen die häufigsten Meningitis-Erreger (Hämophilus influencae B/HiB, Meningokokken, Pneumokokken), die in bestimmten Regionen der Welt mit großer Akzeptanz eingeführt wurden, zeigten keinerlei Veränderung bei der Gesamtzahl bakterieller Meningitisfälle.[170] So veränderte Darstellungen gewähren einen alternativen Blick auf die Sachlage und die Wirksamkeit von Impfungen.

Jede zweite Forschung verheimlicht deklarationspflichtige Interessenskonflikte.[171] Private Unternehmen bieten ihre Dienste an und führen auf Wunsch Studien mit jedem beliebigen Resultat durch. Ghostwriter veröffentlichen Ergebnisse in Fachzeitschriften. Das wird in der Branche als „eine ganz gewöhnliche Praxis" bezeichnet.[172]

Wissenschaftliche Fachzeitschriften beziehen einen Großteil ihres Einkommens durch Werbung und pharmaunterstützte Sonderdrucke. Die Journale werden somit zum verlängerten Arm der Marketingabteilungen pharmazeutischer Betriebe.[173] Artikel, die von Herstellern gesponsert werden, haben höhere Chancen, in Fachzeitschriften veröffentlicht zu werden.[174] Kritische Studien wurden oftmals aus medizinischen Journalen entfernt.[175] Der Herausgeber des renommierten „British Medical Journals" schreibt: „Der gesamte Bereich der medizinischen Fachzeitschriften ist korrupt ... Immer offenkundiger sind viele Studien in Fachzeitschriften betrügerisch, und die Wissenschaftsgemeinde hat bisher nicht adäquat auf das Problem des Betrugs reagiert ..."[176]

Im Tierversuch wurden beim HPV-Impfstoff Gardasil Verhaltensstörungen bei Mäusen beschrieben.[177] Diese Studie wurde lange Zeit nicht veröffentlicht. Ein kalifornischer Arzt, angeklagt wegen Wissenschaftsbetrugs, nimmt Stellung: „Wer als Forscher Karriere machen möchte, muss fälschen".[178]

Der einstige südkoreanische Tierarzt Hwang Woo-Suk machte 1997 von sich reden, als er das geklonte Schaf „Dolly" und kurze Zeit später das Klonen von Rindern präsentierte. 2004 gelang ihm der wissenschaftliche Durchbruch und er erlangte weltweite Anerkennung, als seine Studie im Wissenschaftsjournal „Science" veröffentlicht wurde. Dort wird beschrieben, wie er aus Körperzellen des Menschen Embryonen klont, aus denen sich Stammzellen entwickeln. Im Jahr 2005 publizierte er 11 embryonale Stammzelllinien mit dem Erbgut kranker Menschen. Er weckte starke Hoffnungen in der Bekämpfung schwerer Krankheiten. Kurze Zeit später wurde als „Paukenschlag" bekannt, dass 9 der 11 Zelllinien erfunden waren, womit einer der größten Wissenschaftsskandale unserer Zeit ausgelöst wurde. In der Folge bricht

Hwangs Klon-Imperium unter dem Vorwurf der massiven Fälschung zusammen.[179] Nach diesem Schock in der Wissenschaftswelt blieben Fragen offen: Wie war es möglich, gefälschte Forschungsergebnisse in renommierten Wissenschaftsmagazinen wie „Nature" und „Science" zu publizieren?

Wissenschaft im Dienst von Profit, Macht und Gier? Pharmakonzerne sollen ihre Geschäfte entsprechend Peter Gotzsche, einem dänischen Internisten, nach den Kriterien organisierter Verbrecher erfüllen.[180]

„Traue keiner Statistik, die du nicht selbst gefälscht hast", [181] erhält so neue Aspekte.

Darstellung einzelner Impfungen und Krankheiten

Tetanus-Impfung – eine traditionsreiche, tief in unseren Köpfen verankerte Vorstellung von Wundstarrkrampf

Was ist das gängige Wissen über Tetanus?
Tetanus wird durch Tetanusbakterien, Clostridium tetani, hervorgerufen. Die Bakterien sondern ein Gift ab, ein Endotoxin, das entlang der Nerven zum Rückenmark und zum Gehirn gelangt und dort Schäden verursacht, was zu Krämpfen, dem sogenannten Wundstarrkrampf, führt. Erreichen die Krämpfe die Atemmuskulatur, stirbt der Betroffene. Die Bakterien sind im Straßenstaub, in der Erde und besonders im Pferdekot zu finden. Dank der modernen Medizin ist die Überlebensrate gestiegen. Es gibt eine aktive Impfung, durch die Antikörper gegen das Bakterium und das Gift gebildet werden. Und es gibt eine passive Immunisierung, bei der das Gegengift, das Antitoxin, direkt in den Körper verabreicht wird und gegen das Gift wirken soll. Das Tetanustoxin ist äußerst giftig. Schon geringste Mengen an Gift lösen Tetanus aus – so die gängige Meinung.

Was wissen wir noch?
Tetanusbakterien treten bei Verletzungen und in einem anaeroben (sauerstoffarmen) Milieu verstärkt auf. Wunden, die stark bluten, gelten daher als weniger gefährlich. Im Wundgebiet entstehen Nekrosen. Nekrosen setzen sich aus abgestorbenem Gewebe und toten Zellen durch die Verletzung zusammen. Tetanus kann sich auch bei bereits geschlossenen Wunden entwickeln. Auch hier entstehen Nekrosen im Wundgebiet durch Quetschung. Es wird behauptet, dass die Unwissenheit, dass Wundstarrkrampf insbesondere in einem anaeroben Milieu auch bei geschlossenen Wunden auftritt, den Tod von tausenden Soldaten in Kriegen verursacht hat.[182] Doch die große Frage, die sich an dieser Stelle

stellt: Woher kommen die Tetanusbakterien, wenn es keine offenen Wunden gibt? Es wird uns erzählt, dass Tetanusbakterien überall in der Erde vorkommen, von außen in uns eindringen und krankmachen.

Übrigens, es gibt auch beschriebene Tetanusfälle nach Bauchoperationen, nach Kaiserschnitten, nach Aborten und bei Frauen, die gerade entbunden haben (Tetanus puerperalis). Woher kommen hier die Bakterien? Könnten sie nicht Teil unserer körpereigenen Bakterienflora sein, die am Abbau nekrotischen Gewebes beteiligt ist? Tetanusbakterien sind im gesunden Gewebe unkompliziert. Versuche an Mäusen, denen Tetanusbakterien gespritzt wurden, riefen keinen Tetanus hervor. Erst eine zusätzliche Gewebeschädigung erzeugte Tetanus.

Zusammenfassend können wir feststellen:
Tetanusbakterien, Clostridium tetani,
treten in zerstörtem Gewebe auf,
in einem geschwächten Organismus,
unter Sauerstoffmangel,
treten auch in geschlossenen Wunden, wie bei Quetschungen,
und unter sterilen Bedingungen auf,
sie kommen daher nicht von außen, sondern befinden sich in uns
und erfüllen biologische Aufgaben im Rahmen von Gewebezerstörungen und deren Abbau.

Unterschiedliche Typen von Clostridien, ähnlich in ihrem spindelförmigen Aussehen, haben gleichartige Eigenschaften und treten bei Gewebezerstörung auf den Plan: Clostridium difficile bei schweren nekrotisierenden Darmentzündungen nach Antibiotikagabe, Clostridium perfringens bei Gasbrand, Clostridium botulinum bei Botulismus (verdorbene, bombierte Konserven), Clostridium histiolyticum bei Sepsis.

Es folgt, dass Bakterien nicht die Ursache, sondern die Folge von Schädigungen durch andere Noxen sind. Sie spielen beim Abbauprozess von zerstörtem Gewebe eine Rolle und können als „Gesundheitserreger" – und nicht als Krankheitserreger – bezeichnet werden, die die Wiederherstellung eines intakten Zustands des Körpers unterstützen.

Trauma, Stich, Quetschung und Prellung verursachen eine Gewebezerstörung, Nekrose genannt. Dieses tote Gewebe wird im Rahmen einer Entzündung ohne Komplikationen bei guten Kreislaufbedingungen durch Bakterien abgebaut. Ist der Körper aber nachhaltig geschwächt und herrschen anaerobe Bedingungen im zerstörten Gewebe vor, werden Keime herbeigeführt, die in sauerstoffarmem Gewebe ihre Reparaturvorgänge erfüllen und toxische biogene Amine, das sind Toxine der Tetanusbakterien, produzieren.

Die moderne Chirurgie unterstützt den Wundheilungsprozess, indem sie Nekrosen entfernt und aerobe Bedingungen im Wundgebiet herstellt. Tetanus konnte besonders unter Kriegsbedingungen deutlich verstärkt beobachtet werden. Außerordentliche Strapazen unter Kriegsbedingungen, Hunger, mangelhafte Pflege der Wunden, notfallmäßige ärztliche Versorgung, körperliche Überanstrengungen bei Verletzungen und bereits bestehender Erschöpfung förderten das Auftreten von Tetanus. Im Gegensatz zeigt Friedenschirurgie so gut wie keine Tetanusfälle. Außerhalb von Kriegen zeigte sich bei Menschen, die schwer körperlich arbeiteten und bei Verletzungen nicht in Krankenstand gehen konnten, wie Bauern, Bauarbeitern usw., ebenso vermehrt Tetanus. Erst Krankenversicherungen und Krankenstand unterstützten die Erholung bei Menschen mit schweren Verletzungen und waren am Rückgang dieser Infektion beteiligt.

Vor einigen Jahrzehnten starben Neugeborene öfter an Tetanus (Tetanus neonatorum), da die hygienischen Bedingungen und die allgemeine Lebensqualität schlecht waren. In manchen Gebieten Afrikas ist das noch immer der Fall. Die Entgiftungsvorgänge sind durch schwächende Faktoren und Mangelernährung deutlich herabgesetzt.

Tetanus und Impfung:
Anfangs verwendete man das Serum von an Tetanus erkrankten Pferden und verabreichte es erkrankten Menschen als „Imp-

fung". Als „passive Impfung" bezeichnet, führte diese zu hunderten und tausenden Todesfällen durch die Fremdserumreaktion (Serum von Pferden), bekannt als anaphylaktischer Schock. Leberschäden, Gelenksentzündungen und Lähmungen waren weitere Folgen. Die Impfung war damit immer schon umstritten. Lorenz Böhler (1885–1973), einer der großen österreichischen Chirurgen und Unfallchirurgen, verließ sich auf solide Wundchirurgie und schnitt Wunden sorgfältig aus. Er verzichtete auf die „vorbeugende Therapie" der aufkommenden Tetanus-Impfung. Unter Strafandrohung wurden Ärzte gezwungen, die Tetanus-Impfung dieser Frühphase durchzuführen. Es wurde ihnen der Prozess gemacht, wenn Patienten an Tetanus verstarben.

Tetanus-Impfung heute:
Die ursprüngliche Serumtherapie wurde eingestellt, lebt aber (wegen des großen finanziellen Erfolges?) in Form der homologen Serumtherapie mit „spezifischen" Immunglobulinen (Antikörper) weiter. Die Eiweißstoffe werden von betroffenen Menschen gewonnen (homolog – von der gleichen Art, also vom Menschen) und führen daher zu weniger Todesfällen und anderen schweren Reaktionen, können aber weitere zum Teil schwere gesundheitliche Störungen auslösen.

Aus der Praxis: Die Folgen von Tetanus-Impfungen sind homöopathisch schwieriger zu behandeln als andere Impfungen.

Der Mensch kann keine Antitoxine bilden:
Louis Lewin (1825–1929), ein deutscher Pharmakologe und Toxikologe, sagt: „Es gibt kein einziges chemisches Gift, das – beliebig lange Tieren eingeführt – ein Gegengift im Blut entstehen lässt, dem die Fähigkeit zukommt, in irgendeiner Weise das Gift unschädlich, oder vorbeugend eine Giftwirkung unmöglich zu machen."[183]

Wir denken an das Gift der Tetanusbakterien. Dabei können wir auch an andere Gifte denken: Bienengifte, Schlangengifte (man nahm wegen häufiger Todesfälle Abstand von der Serumtherapie), Medikamentengifte, Schwermetalle wie Quecksilber, Aluminium, Arsen oder „Gifte" wie Pollen – gegen all die Gifte gibt es keine Antitoxine. Die Desensibilisierungstherapie bei Pollen zum Beispiel ist der Versuch, den Körper langsam an das „Gift" zu gewöhnen. Dabei handelt es sich nicht um ein Antitoxin oder einen Antikörper, der produziert werden soll.

Keine natürliche Immunität bei Tetanus:
Wir wissen, dass sich bei mit Tetanus erkrankten Menschen bei einer neuerlichen schweren Verletzung wieder Tetanus entwickeln kann. Das Gift in der Impfung soll durch Aluminium abgeschwächt werden. Abgeschwächte Gifte in der Impfung. So die Theorie. Oder soll Aluminium die Körperreaktionen blockieren, um eine Wirksamkeit der Impfung vorzutäuschen? Oder ausufernde Serumreaktionen des Körpers hintanhalten durch Blockierung von Körperreaktionen?

Massen-Impfungen Anfang des 20. Jahrhunderts:
Nachdem mit den Massen-Impfungen Anfang des 20. Jahrhunderts begonnen wurde, ging die Anzahl der Tetanusfälle nicht zurück. Der Erste Weltkrieg, die Nachkriegszeit und der Zweite Weltkrieg brachten große Zahlen von Tetanusfällen zutage. Unmenschliche Strapazen, Hunger und notfallmäßige Versorgung von Wunden in Kriegszeiten förderten die Tetanusentstehung. Wenn denn die Impfung erfolgreich gewesen wäre, dann wäre die Anzahl der Tetanuserkrankten längst rückläufig gewesen. Das war aber nicht der Fall. Erst in den letzten Jahrzehnten kam es zur Abnahme der Tetanuszahlen, in einer Zeit, die mit verbesserter Lebensqualität, guter chirurgischer Wundversorgung, Ruhezeiten und Krankenstand bei Verletzungen und guter Ernährung einherging.

Tetanus äußerst selten:
Der generalisierte Tetanus ist sehr, sehr selten. Außer in Kriegszuständen und in armen Ländern, in denen Hunger und Auszehrung eine Rolle spielen, kommt Tetanus praktisch nicht vor. In Deutschland erkranken pro Jahr ca. 10 Menschen an Tetanus. Vor allem ältere und geschwächte Menschen sind betroffen.

Was tun bei Verletzungen – eine Anleitung aus der Praxis:
Ruhig bleiben!
Wundreinigung mit Wasser, evtl. Salz und/oder einem Spritzer einer Seifenlösung – bei zerklüfteten Wunden, um die Oberflächenspannung herabzusetzen, keine chemischen Desinfektionsmittel.
Verbinden – evtl. homöopathische Salben verwenden.
Wunde vor Nässe schützen.
Ruhigstellen – 1–3 Tage!!
Hochlagern der verletzten Stelle – 1–3 Tage.
Homöopathie: Arnica, Aconit (Schock), Tetanusnosode, Calendula, Ledum (Stich), Hypericum (Quetschung), Urtika, Apis (Verbrennung, Schwellung, Brennen, Rötung), Cantharis (Verbrennung), Causticum, Sulfur, Arsenicum album, Rhus tox, Sulfur.
Ein Fall aus der Praxis:
Eine Frau kommt mit einer schweren Hundebissverletzung in der Pobacke in die Praxis. Tierbisse tendieren häufig dazu, eine Wundinfektion zu verursachen. Im Krankenhaus wurde eine Wundversorgung durchgeführt. Die Wunde wurde nicht primär vernäht und blieb offen. Sie weigerte sich, Antibiotika zu nehmen. Die Tetanus-Impfung hatte sie ebenfalls abgelehnt. Mit entsprechenden homöopathischen Mitteln – Arnica, Aconit, Tetanusnosode, Ledum, Hypericum, Arsenicum album für Nekrosen – in Tropfenform und in Infusionsform und absolutem Ruhigstellen kam es zu einer narbenfreien (!) Ausheilung der Wunde ohne weitere chirurgische Intervention.

FSME – die Frühjahrs-Sommer-Meningo-Enzephalitis

Die FSME ist eine Erkrankung der Übergangszeit. Dabei spielt Unterkühlung und die aufkommende Sonne im Frühjahr („Sonnenstich") eine Rolle. Die Werbekampagnen der Impfindustrie haben FSME gekoppelt an Zecken und an das Zeckenvirus. So wird heutzutage FSME im gleichen Atemzug mit „Zecken-Virus", „Borrelia" und „Zecken-Impfung" als Schutz vor den „gefährlichen" Zecken genannt. Die thermischen Verhältnisse der Übergangszeiten wurden komplett ausgeblendet.

Ein Fall:
Ein Patient bricht nach Frankreich zu einem Bergsteigurlaub auf. Seine Mutter ist besorgt wegen Zecken und empfiehlt ihrem Sohn, sich in Frankreich doch gegen FSME impfen zu lassen. Dort angekommen versucht er, einen Zeckenimpfstoff zu bekommen. Vergeblich. „*Les Autrichiens sont fous avec leur vaccination contre les tiques*" – „*Die Österreicher sind verrückt mit ihrer Zeckenimpfung*" hieß es in einer der zahlreichen Apotheken, die er aufsuchte.

Der Zeckenimpfstoff wurde in Österreich erfunden. Die Titerbestimmung der „FSME-Antikörper" ebenso. Alles aus einer Hand.

Die Werbekampagnen für den Zeckenimpfstoff sind gewaltig. Die Pharmalobby, Gesundheitsministerium und die Ärztekammer haben es geschafft, die Angst vor Zecken und einer damit verbundenen Gehirnhautentzündung zu schüren. Zum Teil haben sich die Menschen entschieden, nicht mehr in die Natur zu gehen.

In der „Visionssuche", einem Initiationsritual bzw. Seminar in der Natur, das wir einmal im Jahr durchführen, ist es nicht die Angst vor wilden Tieren, den Schlangen, den Skorpionen, dem Gewitter, dem Alleinsein oder dem Hunger, die die Teilnehmer beschäftigt. Die größte Angst unter den Teilnehmern ist oftmals die Angst vor Zeckenbissen und ihren vermeintlichen Folgen.

Frühjahr-Sommer-Meningo-Enzephalitis weist auf das saisonale Auftreten von Gehirnhautentzündungen hin. Seitdem die Zecken in den Brennpunkt der Meningitis gerückt sind, bleibt unberücksichtigt, dass diese Jahreszeit unterschiedliche und schwankende Temperaturen aufweist. Noch kühle Temperaturen, „Verkühlungen" und Durchnässungen lassen vergessen, dass die Sonne stärker geworden ist. Der berühmte „Sonnenstich" mit entsprechender Reaktion des Körpers bei zu viel Sonne entwickelt

Kopfschmerzen, Nackensteifigkeit, Fieber, Schüttelfrost, Übelkeit, Erbrechen, Kollapsneigung und Bewusstseinstrübung. Ohne Ruhe zu geben, aus der Sonne zu gehen oder mit chemischer Fiebersenkung und schmerzlindernder Therapie verstärkt man den Zustand des Körpers und öffnet Tür und Tor für Komplikationen. Doch mit Zecken hat das alles nichts zu tun, sondern vielmehr mit thermischen Einwirkungen der jeweiligen Jahreszeit.

Chemische Fiebersenker der Substanzgruppe NSRA (nichtsteroidale Antirheumatika) können selbst Meningitis als Nebenwirkung in seltenen Fällen auslösen. Insbesondere Ibuprofen, zum Beispiel in Präparaten wie Nureflex-Saft, fördert aseptische Meningitis-Fälle. „Neurologische Störungen" als im Beipacktext beschriebene Nebenwirkung gehen als „häufige Nebenwirkung" der Meningitis voraus. NSRA sind eine weitverbreitete chemische Substanzgruppe, die in allen fiebersenkenden Säften, in vielen Schmerzmitteln und antientzündlichen Mitteln enthalten ist. Der Mechanismus der Meningitis-Entstehung ist nicht bekannt. Das Unterdrücken des Symptoms Fieber fördert Komplikationen im Körper. Mittelohrentzündungen, Lungenentzündungen und Gehirnhautentzündungen treten verstärkt auf. Immunologen warnen vor einem ungezügelten Einsatz. Siehe auch Kapitel „Fieber".

Zecken-Impfung

Bereits in den 1950ern wurde die Hypothese aufgestellt, dass FSME mit Zecken zu tun hat, die mit Viren infiziert sind. Doch erst Jahre später wurden die Virusstämme definiert. Das Ganze entpuppte sich weiterhin als Hypothese, wenn wir uns noch einmal in Erinnerung rufen, dass der Nachweis von Viren bis heute nicht gelungen ist. Die gut bekannte Pharmafirma, die den Zeckenimpfstoff auf den Markt brachte, gibt jedoch interne Studien zu Wirksamkeit der Impfung und Nachweis der Viren nicht heraus. Dazugehörige Antikörpertests kommen als fertige Testsätze von der Pharmafirma geliefert in die Labors. Der tiefere Einblick bleibt verwehrt.

Aus der Praxis:

Schwere Komplikationen und sehr selten Todesfälle wurden als Folge dieser Impfung beobachtet. Hohes Fieber, Kopfschmerzen, Nackensteifigkeit und Gelenksteifigkeit nach Zecken-Impfung kommen öfter vor. Krankenhausaufenthalte sind eine häufige Folge. Langzeitsymptome wie erhöhte Infektanfälligkeit, Gelenkschmerzen und kindliches Rheuma sind bei genauer Anamnese mit der Impfung korrelierend.

Es ist noch kein Kind an einer FSME gestorben – oder doch? Die Kronen-Zeitung schreibt im 26. 4. 2012 als Schlagzeile: „Neunjährige stirbt nach Zeckenbiss in Klagenfurt." Diese schlimme Meldung regte an, dem Fall genauer auf die Spur zu gehen.

Die Zeitung schrieb, dass das Mädchen nur einmal gegen Zecken geimpft wurde, was für einen Schutz nicht ausreichen soll. Erst ab 2 der 3 empfohlenen Impfungen ist ein Schutz gegeben. Doch das Mädchen vertrug die erste Zecken-Impfung nicht gut, weshalb man von einer weiteren Auffrischungsimpfung Abstand nahm.

Die genauere Recherche brachte ein ganz anderes Ergebnis ans Tageslicht:

Das Mädchen war 2 Mal gegen FSME geimpft gewesen. Kurz davor war es 3 Mal mit dem Sechsfach-Impfstoff „Hexavac" geimpft worden. Bei der zweiten FSME-Impfung erkrankte das Mädchen ernst und entwickelte hohes Fieber. Zur Fiebersenkung wurde ein fiebersenkendes Mittel verabreicht, das „Ibuprofen" als Wirkstoff enthielt. Von diesem Wirkstoff, der in vielen Hausapotheken zu finden ist und als harmloser Fiebersaft bekannt ist, weiß man, wie oben beschrieben, dass er Nebenwirkungen hat und eine Meningitis auslösen kann. Das Mädchen wurde mit einer Meningitis ins Krankenhaus eingeliefert. Dort bekam sie ein ähnliches fiebersenkendes Mittel. Die Schmerzen nahmen zu, das Fieber war nicht in den Griff zu bekommen. Eine Reihe anderer Medikamente kam zum Einsatz – Antibiotika, Virostatika, Beruhigungsmittel und andere Schmerzmittel, bis sie schließlich verstarb. Im Blut wurde ein sehr hoher Antikörpertiter gegen FSME festgestellt. Demnach hätte das Mädchen nach Lehrmeinung gegen FSME geschützt sein sollen. Eine akute FSME konnte serologisch nicht festgestellt werden. Der leitende Arzt erklärte gegenüber den Medien, dass das Mädchen an FSME durch Zeckenbiss verstarb.

Masern – gefährlich oder harmlos?

Masern bedeutet Pustel, Pickel, „Blutgeschwulst".

Symptome der Masern: Die Infektion beginnt mit Husten, Schnupfen, Kopfschmerzen, Lichtscheuheit, geröteten Augen (Bindehautentzündung) und hohem Fieber. Weiße Stippchen an der Wangenschleimhaut (Koplik'sche Flecken) treten nach 2–3 Tagen auf und sind typisch. Nach 3–4 Tagen fällt das Fieber und der „Ausschlag" (Exanthem) tritt auf, der oft hinter den Ohren und im Gesicht beginnt. In 2–3 Tagen breitet sich der Ausschlag über den ganzen Körper bis zu den Füßen aus. Der Ausschlag ist grobfleckig, unregelmäßig begrenzt, ineinanderfließend und zeigt manchmal Hautblutungen. Nach einer Woche verschwindet der Hautausschlag wieder. Der Hautausschlag gibt der Erkrankung den Namen. Im Kindesalter verläuft die Erkrankung in der Regel intensiv, komplikationslos und harmlos – unter Einhaltung bestimmter Vorgehensweisen!

Medial wird der Versuch unternommen, Masern als schwere und todbringende Infektionskrankheit darzustellen. Zusätzlich soll das Masernvirus aggressiver sein und Komplikationen im Rahmen der Infektion Tür und Tor geöffnet haben.

Das geht mit meiner eigenen Erfahrung aber nicht einher. Im Jahr 1994/95 arbeitete ich in Südafrika in der Universitätsklinik in Kapstadt auf der Kinderklinik und anschließend in einer Allgemeinpraxis, die naturheilkundlich ausgerichtet war. So durfte ich sehr viele Masernfälle in dieser Zeit sehen. Alle (!) Masernfälle, die in die Praxis kamen, heilten nach 10–14 Tagen komplikationslos aus. Insbesondere wurde damals auf eine chemische Fiebersenkung verzichtet und auf Ruhe und Bettruhe unter Fieber hingewiesen. Der Mutter war es in allen Fällen möglich, zu Hause zu bleiben und sich um das kranke Kind zu kümmern. Die Kinder wiesen keine Mangelernährung auf. Masern-Impfungen waren eine Rarität.

Die in der Klinik aufgenommenen Kinder hatten durch die Bank Komplikationen – sie würden ja auch sonst nicht im Krankenhaus aufgenommen worden sein – sehr häufig Lungenentzündungen, Mittelohrentzündungen, oft Meningitis oder meningeale Reizungen. In 92 % der Fälle wurden Fiebersenker aus der Substanzgruppe der NSRA vorab zu Hause gegeben. Die Kinder waren zu 80 % schlecht ernährt – Mangel- und Unterernährung. Die Eltern waren oftmals nicht zu Hause. Der Schulbesuch fand teilweise nicht statt. Körperliche und emotionale Gewalt waren in der Anamnese zu finden. Die Kinder waren nicht geimpft.

Den Unterschied in Komplikation und Ausgang der Erkrankung brachten somit klar die Lebensumstände, nicht eine Impfung.

In eigener Praxis hier in Österreich findet man Masern im Vollbild kaum mehr. So gibt es Verdachtsmomente, die auf Masern hinweisen. Der elektromagnetische Bluttest nach Aschoff bestätigt zuletzt oft die Diagnose „Masern“. Die Ausheilung war immer ohne Krankenhausaufenthalt möglich und der Ausschlag heilte nach 2 Wochen ab.

Die Ursache für Masern? Was für eine Frage?!
Natürlich werden viele an dieser Stelle sagen: ein Virus, übertragen durch Ansteckung. Doch spätestens nach dem Masernvirus-Prozess ist nicht mehr klar, ob es ein „krankmachendes“ Virus überhaupt gibt. Jeder Naturarzt weiß, dass ganz andere Faktoren als unsere bekannten Keime Krankheiten auslösen. So sprechen manche über Masern von einer Verkühlungskrankheit, da Masern gehäuft im Frühjahr und Frühsommer auftreten.[184] Andere sprechen von Entgiftungsreaktionen des Körpers.[185] Eine weitere Meinung ist, dass Masern eine psychosomatische Reaktion des Körpers darstellen, ausgelöst durch einen Trennungsschock von

einem geliebten Menschen.[186] Der Mangel an Spurenelementen und Vitaminen kann ebenso zu einem körperlichen Erscheinungsbild führen, das wir Masern nennen. Der Mangel speziell an Vitamin A ist bekannt. [187]Reaktionen nach einer Masern-Impfung, die dem Bild der Masern entsprechen, entwickeln sich öfter durch intramuskulär verabreichte Giftstoffe, die der Körper ausscheiden muss. Das morphogenetische Feld und die damit einhergehende Angst im Feld fördern Reaktionen im Sinne des Masernbildes in engster Umgebung. Die Quantenphysik gibt dazu Hinweise.[188] Die genaue Anamnese wird Aufschluss über den Entstehungsweg geben. In der Umgebung von Erkrankten sind es oftmals ähnliche Ursachen, die zur Erkrankung führen, wodurch es auch zu gehäuftem Auftreten in der nahen Umgebung kommen kann. Wenn wir denken, dass geliebte Lehrer in einer Klasse einen Trennungsschmerz auslösen können, dann ist es gut nachvollziehbar, dass mehrere Kinder in derselben Klasse darauf reagieren.

Als Eltern lade ich Sie ein, genau hinzuschauen und den Entstehungsweg der Infektion zu verfolgen. Sie werden den einen oder anderen Mechanismus entdecken.

Die Vorstellung von einer Ansteckung durch ein krankmachendes, herumfliegendes, aggressives Virus als Ursache der Masern scheint der Vergangenheit anzugehören. Eine wissenschaftliche Bestätigung steht aus.

Mögliche Komplikationen einer Maserninfektion:
• Mittelohrentzündung (Otitis media)
• Lungenentzündung (Pneumonie)
• Gehirnhautentzündung (Meningitis)

Die mögliche Spätfolge SSPE (subakut sklerosierende Panenzephalitis – eine Entzündung des gesamten Gehirns):
Bei der SSPE handelt es sich um eine äußerst seltene Komplikation, die als Folge einer Maserninfektion zugeschrieben wird. Sie soll 7–10 Jahre nach einer Maserninfektion auftreten. Die Frage, die hier auftaucht: Ist SSPE eine Folge einer Maserninfektion

oder die Folge von Masern-Impfungen? Studien beschreiben SSPE nach Masern-Impfungen.[189] 22 Fälle von SSPE wurden in England nach Masern-Impfung anerkannt. In Japan zeigte eine Studie aus dem Jahr 1989, dass 90 % eine Masernanamnese hatten, 5 % eine Masern-Impfanamnese und 5 % weder eine Maserninfektion noch Masern-Impfung in ihrer Geschichte.[190]

Die Frage, die zuletzt auftaucht: Wodurch entsteht eine Gehirnentzündung viele Jahre nach Maserninfektion, wenn das Masernvirus wissenschaftlich nicht nachgewiesen wurde? Natürlich spielen hier die Unterdrückung von akuten Symptomen sowie grobe Mangelverhältnisse über viele Jahre eine entscheidende Rolle.

Kind stirbt an Masern, Schlagzeile im Jahr 2016 – was passierte?

Ein Kind stirbt an Masern. Der Fall wird als Schlagzeile in einer österreichischen Tageszeitung hochgespielt. Das Kind litt an einem schweren Herzfehler. Die Eltern wurden nach dem Tod des Kindes fast 2 Tage lang gesucht. Genauere Informationen waren nicht zu bekommen. Sie wurden unter Verschluss gehalten. Die dazugehörige Information ist auf Google und den Websites der Tageszeitungen nicht mehr zu finden.

Kinder, die durch Herzfehler oder andere schwere Grundkrankheiten geschwächt sind, sind deutlich anfälliger für Komplikationen und möglichen Tod im Rahmen von Infektionen im Allgemeinen. Es ist ein schlimmes Schicksal, bewegt im Herzen und bewegt die Menschen. Und es überrascht nicht.

Zahlen des Robert Koch-Instituts (RKI, oberste Gesundheitsbehörde Deutschlands) zu Masernerkrankung und Sterbefällen in Deutschland 2018:[191]

Ein Zahlenvergleich:

Dem RKI wurden 2018 543 Masernfälle in Deutschland gemeldet. Darunter ein Todesfall![192]

SSPE-Fälle, die sehr seltene Komplikation Jahre nach einer Maserninfektion: 4–11 Fälle auf 100 000 Masernerkrankte, 20–60

Fälle bei Kindern unter 5 Jahren. Das sind in 2018 in Deutschland ca. 0,05 Todesfälle bzw. 0,2 Todesfälle bei unter 5-Jährigen. Gesamt: 1,25 Todesfälle durch Masern in Deutschland im Jahr 2018.

Die früheren Jahre zeigten ähnliche Ergebnisse: 0–3 Todesfälle durch Masern und SSPE pro Jahr in Deutschland.

Vergleichende Zahlen von Erkrankungen und Todesfällen bei Kindern für Deutschland 2018 – zum Nachdenken, einfach um die Todesfallrate bei Masern 2018 (1 Todesfall) ins rechte Licht zu rücken und den übertriebenen Aufwand einer Impfpflicht damit infrage zu stellen:

150 Kinder sterben durch Verkehrsunfälle.

37 Kinder ertrinken in Pools.

Andere Erkrankungs- und Todesfallzahlen durch Medikamenten-Nebenwirkungen:

In der EU erkranken pro Jahr 670 000 Menschen an Krankenhauskeimen (Infektionen bei Krankenhausaufenthalten durch antibiotikaresistente Keime). 33 000 Menschen sterben durch resistente Keime. Der überwiegende Anteil dieser Infektionen steht mit medizinischen Behandlungen im Zusammenhang.[193]

In Deutschland erkranken pro Jahr 54 500 Menschen an resistenten Keimen durch übermäßigen Antibiotikaeinsatz. 2 400 Menschen sterben daran. Der überwiegende Anteil dieser Infektionen steht mit medizinischen Behandlungen im Zusammenhang.[194]

In Deutschland erkranken pro Jahr etwa 300 000 Menschen an Nebenwirkungen durch Medikamenteneinnahme. 16 000–25 000 Todesfälle pro Jahr ereignen sich in Deutschland durch Medikamenteneinnahme und Nebenwirkungen. Der Vorwurf an die Pharmaindustrie: Die Zahlen sollen frisiert und geschönt sein. Die Dunkelziffer liegt höher.[195]

Wie viele Erkrankte und wie viele Tote gibt es durch Impfungen in Deutschland, Österreich und weltweit pro Jahr?

Jahr	Fallzahl	Inzidenz/1 Mio. Einwohner
2001	6.039	73,8
2002	4.656	56,9
2003	777	9,5
2004	123	1,5
2005	781	9,5
2006	2.308	28,2
2007	566	6,9
2008	915	11,2
2009	572	7
2010	780	9,5
2011	1.608	19,7
2012	165	2
2013	1.768	21,6
2014	442	5,4
2015	2.465	30,1
2016	325	4,0
2017	929	11,4
2018	543	6,6

Die Tabelle zeigt die Fallzahlen und die neuauftretenden Fälle pro 1 Million Menschen in Deutschland zwischen 2001 und 2018. In diesem Zeitraum gab es 8 Todesfälle aufgrund von Masern (www.rki.de).
Dabei wurde in Deutschland im Jahr 2018 ein (!) Todesfall gemeldet. Im Jahr 2017 wurde dem Robert Koch-Institut in Deutschland ebenfalls nur ein (!) Todesfall gemeldet. Usw. (Quelle: Epidemiologisches Bulletin des RKI. Stand: 30. Juni 2018).

Laut www.sozialministerium.at erkrankten in Österreich 2018 151 Menschen an Masern. Kein (!) Todesfall gemeldet.

Laut www.who.int (Measles in Europe, Copenhagen, 7. 2. 2019) erkrankten in Europa 82 596 Menschen an Masern und 72 Kinder starben an Masern. Das sind 1,3 Todesfälle pro Land auf Grund von Masern. Das war die höchste Rate in diesem Jahrzehnt. In all den anderen Jahren gab es 3 bis 15 Mal weniger Fälle.

Im Frühjahr und Frühsommer gibt es einen sehr deutlichen Peak, sodass die Vermutung naheliegt, dass Masern wie FSME-Infektionen durch thermische Einflüsse entstehen und eine „Erkältungserkrankung" sind.

Anzahl der übermittelten Masernfälle nach Altersgruppe sowie Anzahl der hiervon hospitalisierten Fälle für das Jahr 2018 (Stand: 1. 2. 2019)

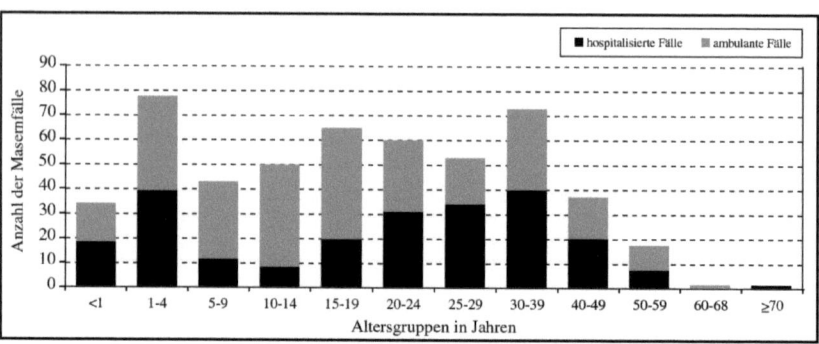

Die Tabelle zeigt den Vergleich zwischen ambulanter Betreuung und stationärer Betreuung im Krankenhaus in Bezug auf die Masernerkrankten in Deutschland 2018. Die hohe Rate an Krankenhausaufenthalten bei Maserninfektionen kommt möglicherweise durch die angsteinflößende Propaganda zustande, die Masern als eine gefährliche Krankheit darstellt. Die hohe Rate an Masernfällen im höheren Alter könnte eine Folge der (unterdrückenden) Impfungen sein, die diese Infektion nicht im Kindesalter ablaufen lassen, sondern ins höhere Lebensalter verschieben. Der Verlauf im höheren Alter ist langwieriger.

Infosplitter zu Masern-Studien

Eine Studie aus Ghana – es wurde auf fiebersenkende Mittel verzichtet – Komplikationsrate ging drastisch zurück.[196]
Eine Studie im Lancet: Vitamin A-Mangel erhöht Kindersterblichkeit.[197] Sie weist auf den Faktor Ernährung und Mikronährstoffe und die Beeinflussung und Wichtigkeit dieser Stoffe auf das Immunsystem hin – also Vitamine, Spurenelemente, Mineralstoffe, Aminosäuren, Fettsäuren.

Ein Wort zu Fernreisen in „tropische" Länder – Impfen ja oder nein? – Erfahrungen aus der Praxis und Ratgeber

Sehr häufig fragen Menschen nach, ob Impfungen bei Tropenreisen notwendig sind oder nicht. Als Familie verbrachten wir viele Jahre in unterschiedlichen Ländern in Afrika. Unsere Kinder waren unterschiedlich alt, zumeist aber schon im 1. Lebensjahr mit auf Reisen. Somit greife ich auf einen reichen Erfahrungsschatz in Bezug auf Tropenreisen zurück. Zusätzliche intensive Fortbildungen in der Tropenmedizin rundeten diese Erfahrungen ab.

Tropenmedizin ist für Ärzte hierorts ein unsicheres Terrain. Viele Ängste tauchen auf, viele Geschichten geistern herum, wenn es um Therapie und Vorbeugung in diesem Bereich der Welt geht.

Tropische Krankheiten können auch in nicht tropischen Ländern auftreten. Die „Tropen" beginnen, was Krankheiten betrifft, in Südeuropa. Touristen sind anfälliger für Tropenkrankheiten als Einheimische. Der Organismus ist nicht oder zu wenig an die Lebensumstände gewöhnt. Alles hängt von der individuellen Anpassungsfähigkeit ab. Diese kann man trainieren und fördern.

Je bewusster und gründlicher man sich auf die Reise vorbereitet, umso besser gelingt die Anpassung:

- • – Sorgen Sie für ein bisschen Kondition.
- • – Konsum von Zigaretten, Alkohol und dergleichen im Reiseland reduzieren bzw. einstellen, bis sich der Körper umgestellt hat.
- • – Schokolade, Kekse und andere Süßigkeiten sollte man in den Tropen reduzieren oder meiden.
- • – Schonung des Verdauungstraktes einige Wochen vor der Reise ist günstig, z. B. gezielt basenüberschüssig und mengenmäßig weniger essen.

Einer von vielen Fällen aus der Praxis

Eine gute Bekannte fährt mit ihrer Freundin ein halbes Jahr nach Indien. Die Bekannte lässt sich nicht impfen. Die Freundin lässt sich alle empfohlenen Impfungen verabreichen. In Indien angekommen entwickelt die Freundin Durchfälle, später Fieber, Gelenkschmerzen, häufige Infekte. Wieder Fieber. Erschöpfung. Sie verbringt das halbe Jahr in Indien regelmäßig bei Ärzten. Anfangs bei westlich orientierten Ärzten, zuletzt auch bei Ayurvedaärzten. Die Bekannte ohne Impfung, die nur eine homöopathische Apotheke bei sich hatte, erzählt von einem Tag mit Durchfall. Sonst erfreut sie sich bester Gesundheit. Ein direkter Vergleich „geimpft" und „nicht geimpft". Als Studie mit Aussagekraft ist die „Fallzahl" zu gering. Diese Art von Erfahrungen kommt sehr regelmäßig vor. Sie regt zum Nachdenken an. Würden Sie impfen oder nicht impfen?

Reise-Impfungen sind:
Hepatitis A, B, Tollwut, Typhus, Cholera, Gelbfieber, Japan-Enzephalitis, Poliomyelitis, Influenza, Meningokokken-Meningitis, Diphtherie, Tetanus, FSME, Masern, Prophylaxe für Malaria.

Impfen Sie erst dann, wenn Sie sich bezüglich Wirkung, Nebenwirkung, Sicherheit und Sinnhaftigkeit von Tropen-Impfungen sicher geworden sind.

Risiko für Nicht-Geimpfte, in Tropenländern zu erkranken – sehr niedriges Risiko![198]
Es wurden 100 000 Menschen untersucht, die nach einem längeren Aufenthalt in einem Entwicklungsland Gesundheitsstörungen zeigten. Davon waren erkrankt:

* 1,5 % (1 500) Malaria
* 1 % (1 000) akuter Infekt der oberen Luftwege
* 0,2 % (200) Hepatitis A
* 0,15 % (150) Gonorrhoe
* 0,1 % (100) Tierbisse
* 0,08 % (80) Hepatitis B
* 0,02 % (20) Typhus
* < 0,01 % (< 10) HIV, Cholera, Polio, im Ausland gestorben

Allgemeine Richtlinien zu Fernreisen – Erfahrungen aus der Praxis

Wichtiger Leitsatz in tropischen Ländern:
„Boil it, cook it, peel it or leave it!" – „*Schälen Sie Ihr Essen, kochen Sie es, kochen Sie Wasser ab – oder lassen Sie es sein!"*

Der Ernährung kommt besondere Bedeutung zu. Aus hygienischen Gründen ist es ratsam, bestimmte Nahrungsmittel zu meiden:

Wasser aus der Wasserleitung oder unbekannter Quelle (verunreinigt) – Salat (gewaschen mit verunreinigtem Wasser) – Orangensaft (weil oft gestreckt mit Wasser) – Speiseeis (zu heiß für gute Hygiene) – Eiswürfel (weil Wasser) – nicht durchgebratenes Fleisch – nicht geschälte Früchte – rohes Gemüse – Cremen – Tiramisu (rohe Eier) – Muscheln (zum Teil roh) – Achtung mit Frischmilch – Abkochen! – Achtung mit unreifen Mangos, Mangos reifen innerhalb weniger Tage nach, sonst kochen.

Ein Wort zum Trinkwasser: Flaschenwasser, geschlossene Flaschen, im Zweifelsfall Wasser abkochen (Kocher mitnehmen), evtl. Desinfektionsmittel für Wasser mitnehmen. Wasser aus der Wasserleitung kann jedoch sehr gute Qualität haben. Informieren Sie sich bei Einheimischen – mit kleinen Mengen probeweise beginnen, „wirken" lassen.

Orientieren Sie sich nicht an den Essgewohnheiten der Einheimischen, die sich aufgrund ihres angepassten Organismus mehr „erlauben" können.

Speisen niemals aufbewahren. Sie verderben sehr schnell, außer im Kühlschrank oder wenn viel Fett und/oder Gewürze benutzt worden sind.

Achtung mit Aktivität und Überanstrengung gleich nach dem Ankommen – Gewöhnungsphase im neuen Klima, nehmen Sie sich ein paar Tage Zeit zum Ankommen.

Geben Sie sich Zeit – die „Seele" braucht länger als der Körper.

Ausreichend Schlaf – Ruhephasen, besonders zu Beginn.

Sonne – Achtung in tropischen Ländern mit der Sonnenbestrahlung, insbesondere, wenn Sie aus dem europäischen Winter kommen.

Wunden ernst nehmen.

Tiere – Achtung, nicht streicheln, Abstand halten.

Nutzen Sie die Alltagserfahrung Einheimischer – passen Sie sich an.

Schlangen, Skorpione, Spinnen – Schuhe, Schlafsäcke vor dem Anziehen prüfen (ausschütteln + hineinschauen)

All das Gesagte gilt umso mehr für Kinder.

Nehmen Sie sich homöopathische Mittel mit auf die Fernreise –
erkundigen Sie sich bei erfahrenen Homöopathen.

Häufige Symptome bei Fernreisen

Durchfall – verdorbenes Essen, schlechtes Wasser – achten Sie
auf den Flüssigkeitsverlust. Reagieren Sie rechtzeitig. Homöopathische Mittel wirken schnell.

Erbrechen – verdorbenes Essen, schlechtes Wasser – achten Sie
auf den Flüssigkeitsverlust. Reagieren Sie rechtzeitig. Homöopathische Mittel wirken schnell.

Fieber – homöopathische Mittel, Ruhe, Bettruhe, evtl. kalte
Wickel.

Kopfschmerzen – zu wenig Flüssigkeit, zu viel Sonne, Überanstrengung.

Sonnenbrand – anfangs höheren Sonnenschutzfaktor (Faktor
20), nach Anfangsbräune Sonnenschutzfaktor reduzieren, dann
evtl. ganz weglassen.

Spezialfall Malaria – was Sie darüber wissen sollten – Erfahrungen aus Aufenthalten in Afrika

Die allgemeinen guten Zustände des Körpers lassen eine Malaria schwieriger entwickeln. Frei von Angst in Bezug auf Krankheit zu sein mit einer Portion Vertrauen, einer Begeisterung für
Ihre Reise, Land und Leute sowie Ihrer Intuition hilft, gesund zu

reisen. Keine Impfung für Fernreisen fördert ein gesundes Reisen. Die Wirksamkeit der Reise-Impfungen ist wissenschaftlich nicht nachgewiesen.

Die Überträgermücke der Malaria, die Anophelesmücke, sticht nur von Sonnenuntergang bis Sonnenaufgang. Daher verursachen Mückenstiche während des Tages nie Malaria. 90% des Schutzes vor Malaria beruhen darauf, nicht gestochen zu werden.

Was ist zu tun?
Verwenden Sie Moskitonetze in der Nacht und stecken Sie das freie, untere Ende des Netzes unter die Matratze.
Sprühen Sie das Netz mit Repellents ein, z.B. No Bite für Kleidung, erhältlich in der Apotheke.
Überprüfen Sie das Netz auf seine Intaktheit und flicken Sie die Löcher.
Ziehen Sie abends lange Kleidung an, sprühen Sie auch diese mit Repellents ein.
Dunkle Kleidung ist anfälliger als helle Kleidung. Weite Kleidung ist eng anliegender Kleidung vorzuziehen.
Sprühen Sie die freien Körperstellen mit Repellents ein, z.B. Autan, No Bite für die Haut, Fly Stop – diese sind ca. 1,5–2 Stunden wirksam. AntiMückenmilch-Tropic version ist ca. 8 Stunden wirksam, daher empfehlenswert und erhältlich in Apotheken.
Verwenden Sie Klimaanlage und Ventilatoren, wenn vorhanden.
Ätherische Öle sollen Mücken abhalten. Sie sind nicht sehr wirksam.
Verwenden Sie Räuchermaterial, falls vorhanden (vertreibt Mücken, jedoch kein sicherer Schutz).
Die Anophelesmücke kommt in kalten Gebieten der Tropen nicht vor, die Tag-Nacht-Durchschnittstemperatur in diesen Gebieten muss unter 16 Grad Celsius liegen. Im Allgemeinen kann man davon ausgehen, dass es ab einer Höhe von 1 200 Metern keine Malaria gibt. Fragen Sie nach.

Die Symptome der Malaria:
Es sind alle nur erdenklichen Symptome möglich, daher müssen Sie in Malariagebieten und in Tropen und Subtropen IMMER an die Möglichkeit, an Malaria erkrankt zu sein, denken. Typische Symptome sind Fieber (nicht nur hohes Fieber ist Malaria), Übelkeit, Erbrechen, Durchfall, Bauchschmerzen, Kopfschmerzen, Schüttelfrost, Gliederschmerzen, Müdigkeit, Unwohlsein. Malaria beginnt oft als Magen-Darm-Erkrankung.

Krankheitszeichen, die eine notfallmäßige ärztliche Behandlung erfordern:
Erbrechen, Fieber über 40 Grad Celsius, Krampfanfälle, Bewusstseinstrübung, Schock: blasse Haut mit kaltem Schweiß, Gelbfärbung der Augen oder der Haut, Urinmenge weniger als 2 große Gläser in den letzten 24 Stunden, rasche, mühsame Atmung, Blutungen.
Es gibt drei Malariaarten – Malaria tertiana, quartana, tropica. Die Malaria tropica kann tödlich sein.

Die Diagnose einer möglichen Malaria:
Wenden Sie sich, wenn es geht, an eine der örtlichen Gesundheitsstellen. Mögen Sie auch noch so einfach wirken, in der Malariadiagnose sind sie gut.

Therapie:
1. Nach erfolgter Diagnose oder entsprechendem Verdacht beginnen Sie umgehend mit einer Therapie. Warten Sie nicht zu lange.
2. Homöopathische Therapie mit Nosoden (besondere homöopathische Mittel) und entsprechende Homöopathika wirken sehr effektiv.

Informieren Sie sich über eine homöopathische Reiseapotheke bei einem erfahrenen Homöopathen – beginnt die Therapie nach 1,5 Tagen nicht zu greifen, beginnen Sie mit einer chemischen Therapie.

Nosoden können als homöopathische Prophylaxe verwendet werden. Sie werden im Rahmen der „homöopathischen Impfung" verwendet. Informieren Sie sich bei Ihrem Homöopathen.

3. Stand-by-Medikation (Mitnahme eines chemischen Mittels gegen Malaria in der Reiseapotheke): Malarone (Atovaquon), Lariam (Mefloquin – beachten Sie die hohe Nebenwirkungsrate), Resochin (Chloroquin), Chinin (Therapie einer Malaria tropica, keine Prophylaxe), Doxycyclin (Therapie einer Malaria, keine Prophylaxe) – beachten Sie die deutlich höheren Dosierungsrichtlinien laut Beipacktext bei Auftreten einer akuten Malaria. Bei der chemischen Therapie richten Sie sich nach den Medikamenten, die vor Ort verwendet werden, denn mittlerweile gibt es genügend Resistenzen.

4. Aufsuchen eines Krankenhauses oder einer Krankenstation, falls erreichbar.

Worum geht es nun wirklich, wenn wir krank werden?

Wenn es krankmachende Viren offensichtlich nicht gibt, so wie wir uns das vorstellen, wenn Bakterien Freunde und nicht Feinde sind, was macht uns dann krank?

Claude Bernard prägt das bekannte Zitat: „Der Erreger ist nichts, das Milieu ist alles."

Was ist das Milieu?

Das Milieu, in dem sich der Körper bewegt, ist die Summe aller inneren und äußeren Zustände, die auf ihn und durch ihn wirken und im Gleichgewicht miteinander stehen. Wir verstehen darunter unsere Körper- und Organfunktionen, das Angebot im Körper an Nahrung, an Mikronährstoffen, wie Spurenelementen, Vitaminen, Aminosäuren, Fettsäuren – den „Treibstoffen" für unseren Körper – den Säure-Basen-Haushalt, die Mikrobiome – die Summe aller Bakterien, die an der Funktion von immunologischen Vorgängen beteiligt sind – Schwermetallbelastungen, chemische Belastungen im Allgemeinen, durch Medikamente, Impfungen. Aber auch Stress, Ruhephasen, unsere Gedanken, Gefühle, unser Vermögen für Intuition und Hausverstand, unsere Logik, unser soziales Umfeld, unser Familienleben, unsere Beziehungen, damit im Zusammenhang unsere Liebesfähigkeit, unsere Begeisterungsfähigkeit, unsere Fähigkeit, unser Potenzial zu erkennen, zu entfalten und es zu leben, die individuelle Lebensenergie, die das Leben durchzieht, unser Schicksal im Allgemeinen, unsere wesensgemäße Anlage.

Wir können das „Milieu" gleichsetzen mit dem Immunsystem. Das Milieu beeinflusst unser Gewebe, dieses wiederum beeinflusst unsere Zellen, damit unsere Zellfunktionen, unsere Organfunktionen, unsere Körperfunktionen. Befinden wir uns mit unserer wesensgemäßen Anlage und unserem Milieu in Harmonie und in einer Zustimmung, sagen wir: Es geht uns gut, wir fühlen uns gesund. Sind wir in Disharmonie und haben ein Nein zum Leben in uns, fühlen wir uns unwohl und werden empfänglich für Krankheiten.

Dabei ist nirgends ein krankmachender Erreger als Ursache von Krankheiten zu finden. Natürlich gibt es Bakterien, „Viren", Parasiten und Protozoen. Es gibt sie und sie stehen in einem Gleichgewicht mit dem übrigen Körper und dem Leben. Sie sind Folge eines Milieus und damit eines Lebens, das aus dem Gleichgewicht geraten ist. Letztlich sind sie die Folge unserer Gedanken, die Lebensumstände bewerten und sich damit gegen das stellen, was gerade ist.

Ein 19-jähriger Mann sagt: „Ich habe enormen Stress auf der Uni, gehe seit Wochen viel auf Partys, habe zu wenig Schlaf. Das Fieber, der Schnupfen, der Husten und das Stechen in der Brust zwangen mich, Ruhe zu geben und meinen Körper erholen zu lassen. Nach einigen Tagen der Ruhe war alles wieder verschwunden. Homöopathie unterstützte meinen Körper in der Ausheilung und dem Wiederfinden von Harmonie." Die Lebensumstände zwangen den Körper zur Ruhe. Weit und breit kein Erreger, der „einfach so" über den Körper herfällt und ihn krankmacht.

Die 9 Säulen der Gesundheit – Erfahrung aus der Praxis

1. Psychohygiene – Trauma, Gefühle, Potenzial, Sexualität, Stress, Zeitdruck, fehlende Ruhephasen, Bewusstseinsarbeit und Selbsterkenntnis
2. Homöopathie
3. Mikronährstoffe/Spurenelemente/Vitamine – „Treibstoff"
4. Vermeidung von chemischen Stoffen (Medikamente, legale und illegale Drogen)

5. Ernährung – wenig Kohlenhydrate, vermehrt Fett
6. Wasser – 3 x 2 Gläser pro Tag
7. Bewegung – 15 min/Tag Laufen, Yoga, auch Krafttraining usw.
8. Natur, Sonne, frische Luft
9. ausreichend Schlaf

An erster Stelle steht die Psychohygiene, die sich auf den Umgang mit schwierigen, traumatischen und überfordernden Situationen, schwierigen Gefühlen, Schwierigkeiten in Beziehungen, unbefriedigter Sexualität, überbordendem Stress, Termindruck, Kummer, Sorgen, Erwartungen, Hoffnungen, Enttäuschungen, Geldnöten, Konkursen, Schulden usw. bezieht. All das macht den Körper krank. Er reagiert, wenn zu viel von ihm abverlangt wird, entwickelt Symptome. Dabei versucht der Körper, zurück in eine fließende, harmonische Energie zu finden. Homöostase meint dabei die Tendenz, zu einem harmonischen Zustand zurückzukehren. Immer in Einklang mit der Umgebung, mit der Natur und letztlich mit dem Kosmos. Nie wird er aus sich selbst heraus krank, einfach nur so. Nie! Die Homöopathie unterstützt den Heilungsvorgang.

Chemische Medikamente und Impfungen unterdrücken die Symptome. Wie dumm sind wir Menschen manchmal, Symptome kontinuierlich zu unterdrücken? Wenn Symptome und Alarmzeichen lange ignoriert werden, macht es den Einsatz von Symptomunterdrückern schlussendlich unausweichlich, um ohne Entzündungen, Tumore und Schmerzen weiterleben zu können. Mit Heilung hat das aber alles nichts zu tun.

Heilungsvorgänge des Körpers sind immer vorhanden. Mit unserer Lebensführung und unserem Lebensstil können wir den heilenden Vorgängen im Körper entgegenstehen oder sie unterstützen.

Wenn Psychohygiene lange Zeit in den Hintergrund getreten ist, verliert der Körper über die Maßen seine Mikronährstoffe (Spurenelemente, Vitamine, Mineralstoffe). Vermehrte Unterdrückung von Gefühlen und erhöhte Spannung und Erstarrung – im Körper, im Emotionalen und im Geistigen – verbrauchen mehr

„Sprit". Wie bei einem Leck verliert der Körper mehr Stoffe als er zuführen kann. Die langsame Entleerung der Speicher führt bei 90% Mangel zu ausgeprägten Symptomen. Der Körper bleibt liegen wie ein Auto, wenn wir nichts nachtanken und die Anzeige der Reserve ignorieren.

Ich schaue unsere Kinder an, die in der Nacht unterwegs sind und am Tag intensiven Sport betreiben und lernen. Dann fällt mir auf: Wenn der Schlaf weniger wird, werden sie einfach krank. Es zwingt den Körper zur Ruhe und zur Erholung.

Die Hysterie über die Sonne, die angeblich krank macht, ist unbegründet. Die Sonne ist unser Motor. Sie hält Körperfunktionen aufrecht und ist erwiesenermaßen notwendig für ein ausgeglichenes Gemüt. Die Lichttherapie nimmt darauf Bezug und hat ihre Erfolge. Die Angst, durch das Sonnenlicht an Hautkrebs zu erkranken, ist unbegründet. Verschiedenste Studien sprechen dabei eine andere Sprache: Sonnenlicht senkt die Hautkrebsrate, die Melanomhäufigkeit und die Krebsrate im Allgemeinen.[199] Die mit Sonnenlicht im Zusammenhang stehende Vitamin D-Produktion im Körper senkt das Risiko für Herz-Kreislauferkrankungen.[200] Die konsequente Vermeidung von Sonnenlicht auf der Haut durch lange Kleidungsstücke, bevorzugtes Arbeiten in geschlossenen Räumen oder der beständige Einsatz von Sunblockern führen nach neuen Studien zu einem erhöhten Herz-Kreislaufrisiko, das gleichgesetzt wird mit dem Rauchen von einer Packung Zigaretten pro Tag. Wir haben uns weit von der Natur im Allgemeinen entfernt und sehen Natur, Sonne, Zecken, Tiere und Wildnis als feindlich an. Unsere Krankheiten sind die Folge unseres Lebensstils geworden und nicht die Folge von Mikroben. Wir haben uns weit von der Natur distanziert und damit von unserer eigenen inneren (menschlichen) Natur.

Für eine Medizin im Dienst des Menschen

Förderung einer freien Impfentscheidung:

- „Die Menschen sind zu befähigen, dass sie die Verantwortung für ihre eigene Gesundheit übernehmen können." – WHO, 1988
- Erhalt der körperlichen Unversehrtheit
- Erhalt der Würde des Menschen
- Einwilligung in Maßnahmen, die den eigenen Körper betreffen
- Aufklärung, um frei entscheiden zu können. Keine Aufklärung zu Therapieverzicht und alternativen Therapiemöglichkeiten ist eine versäumte Aufklärung.
- Selbstverantwortung
- Mündigkeit

Schadensfreiheit steht vor Therapie. *„Primum nihil nocere"* – oberste Priorität im Sinne des hippokratischen Eides muss sein, dass Menschen weder durch therapeutische noch durch diagnostische Maßnahmen zu Schaden oder zu Tode kommen.

Eine umfassende Aufklärung bei jedem Therapievorschlag über Sicherheit, Risiken, Erfolgsaussichten der Therapie und Therapiealternativen sollten für jeden Arzt zum Standard werden.

Verpflichtende Evaluierung von Nebenwirkungen und Tod durch behandlungsbedingte Ursachen. Auch ein Verdacht auf iatrogene (altgriechisch: „vom Arzt erzeugt") Schädigung muss untersucht werden. Beweislastumkehr: Nachweis, dass nicht die Impfung oder eine andere therapeutische Maßnahme damit im Zusammenhang steht.

Wissenschaft und Forschung sollten unabhängig von monetären Einflüssen arbeiten dürfen. Bei berechtigtem Zweifel an Theorien, die als Tatsache angenommen wurden, wäre die Durchführung neuer Studien mit speziellem Design notwendig. „Gibt es krankmachende Viren?" – Mehr als notwendig, dieser Frage in neuen Studien nachzugehen. Reinigung und Isolation des Masernvirus und anderer Viren inklusive Charakterisierung elektronenmikroskopischer und biochemischer Eigenschaften sollten dem Urteil des OGH in Deutschland folgen. Ohne neue Untersuchungen und wissenschaftlich zufriedenstellende Antworten kann es keine Aufrechterhaltung der Impftheorie und keine Impfpflicht geben.

So könnten von vornherein Minderheitenstimmen mehr Gehör in medizinischen Fragen finden, als sie zum Teil über Jahrhunderte zu verfolgen, zu verdrängen und sie zu diffamieren. Muss sich die Geschichte noch so viele Male wiederholen, bis eine andere Dimension in der menschlichen Kommunikation sichtbar wird – mit dem Herzen als Gegengewicht zum rationalen, logischen Verstand? Die Geschichte muss sich wahrscheinlich noch so viele Male wiederholen, bis eine andere Dimension in der menschlichen Kommunikation sichtbar wird – das Herz als Gegengewicht zum rationalen und logischen Verstand.

Ziele der Zukunft wären Untersuchungsausschüsse, besetzt mit Vertretern unterschiedlicher medizinischer Richtungen – Fachmedizin, Allgemeinmedizin, Psychologie, Homöopathie, Akupunktur, u. a., Round-Table-Gespräche – jeder wird gehört, jede Wahrheit stimmt, die Lösung entspringt aus der stillen Mitte.

Der neue hippokratische Eid in der Genfer Deklaration des Weltärztebundes als Grundlage ethischen Handelns von Ärzten: „Ich schwöre, den Willen und die Würde des Patienten zu achten. Ich werde mein medizinisches Wissen zum Wohle der Patienten und zur Förderung der Gesundheitsversorgung teilen." Die letzte Version des neu aufgelegten hippokratischen Eides des Weltärztebundes aus dem Jahr 2006 vor und wurde im Oktober 2017 geändert.[201]

Eine Petition für Respekt, Förderung und individuelle Wahl bei Impfungen nach Information und Zustimmung – sie ist noch immer aktiv:

Frau Mag. Claudia Millwisch hat diese Petition vor 5 Jahren an das Europaparlament, Europäische Kommission, Europarat gestartet. Die Charta der Grundrechte der Europäischen Union besagt klar: „Im Bereich der Medizin und Biologie muss die freie Wahl der Behandlung nach ausführlicher Information und Zustimmung durch den Einzelnen respektiert werden[1]. Ca. 40 % der EU-Bürger [2] haben dieses Recht allerdings nicht, wenn es um den medizinischen Eingriff von Impfungen geht. Das ist ein Verstoß gegen die Universellen Menschenrechte. 2011 hat der Oberste Gerichtshof der USA festgestellt, ‚dass Impfungen unvermeidlich unsicher‘ [3] sind, daher ist eine erzwungene Impfung der Bevölkerung weder medizinisch noch ethisch vertretbar, insbesondere wenn keine medizinischen, religiösen oder philosophischen Ausnahmen erlaubt sind.“

Das EFVV (European Forum for Vaccine Vigilance) (http://www. efvv.eu), ein Zusammenschluss von Vertretern aus 20 europäischen Ländern, sowohl Mitgliedstaaten der EU als auch Nichtmitgliedstaaten verlangt daher:

1. Abschaffung von erzwungener Impfung, da es sich dabei um einen Verstoß gegen die Menschenrechte handelt.
2. Anwendung des Vorsorgeprinzips bei Impfungen in ganz Europa.
3. Wahlfreiheit bei Impfungen für alle Europäer nach vorheriger ausführlicher Information und Zustimmung.
4. Einrichtung eines unabhängigen, effektiven europäischen Impfschadenerfassungssystems (VAER) zur Kontrolle der Impfsicherheit.

Eine Million Unterschriften aus mindestens 7 EU-Staaten ermöglichen eine diesbezügliche Debatte in Brüssel. Egal, welche Meinung Ihre Regierung vertritt, schließen Sie sich bitte diesem

Aufruf an, unterschreiben Sie diese Petition und leiten Sie diese so oft wie möglich weiter.

Es wird geschätzt, dass 2015 ungefähr 400 Millionen Europäer in den EU-Mitgliedstaaten die freie Wahl bei Impfungen nach Informationen haben, aber etwa 258 Millionen Europäer haben das nicht. [4] Pflicht-Impfungen gibt es in Belgien, Bulgarien, Kroatien, der Tschechischen Republik, Frankreich, Griechenland, Ungarn, Italien, Lettland, Malta, Polen, Portugal, Rumänien, Slowakei, und Slowenien [5] und möglicherweise den Ländern, Albanien, Mazedonien, Montenegro und Serbien, wenn sie der EU beitreten.

Die Petition basiert auf folgenden Vereinbarungen:

Die Charta der Menschenrechte der Europäischen Union besagt klar und deutlich:

„Jeder hat das Recht auf Respektierung seiner oder ihrer körperlichen und geistigen Integrität." [6] Weiter: „Im Bereich der Medizin und Biologie muss die Wahlfreiheit nach ausführlicher Information und Zustimmung des Einzelnen respektiert werden." [7]

Und schließlich: „Das Verbot eugenischer Praxis sowie die Verwertung des Menschen oder Teile des Menschen zur Gewinnerzielung muss respektiert werden." [8]

Die Europäische Menschenrechtscharta über den Schutz der Menschenrechte und Würde des Menschen sagt in Bezug auf die Anwendung von Medizin und Biologie eindeutig:

„Die Interessen und das Wohlbefinden des Menschen stehen über dem Interesse der Gesellschaft oder Wissenschaft." [9]

Ebenso heißt es, dass „eine medizinische Intervention bei der betroffenen Person nur durchgeführt werden darf, nachdem diese nach ausführlicher Information freiwillig zugestimmt hat. Diese Person muss daher zuvor in geeigneter Weise darüber aufgeklärt werden, zu welchem Zweck und zu welcher Art der Eingriff ist, ebenso wie über etwaige Konsequenzen und Risken. Die betroffene Person kann ihre Zustimmung jederzeit ohne Probleme widerrufen." [10]

Die Europäische Patientencharta besagt eindeutig:

„Jedes Individuum hat das Recht alle Informationen zu erhalten, die ihm eine aktive Entscheidungsfindung bezüglich seiner Gesundheit ermöglichen. Diese Information ist eine Voraussetzung für jede Behandlungsmethode und Heilbehandlung, sogar wenn es sich um eine Teilnahme an einer wissenschaftlichen Forschung handelt (siehe 4 – Recht auf Zustimmung)." [11]

Und weiter: „Jedes Individuum hat das Recht unter verschiedenen Therapieformen und Informationsquellen auf Basis der erhaltenen Informationen frei zu entscheiden (5 – Recht auf Wahlfreiheit)." [12]

Weiters: „Jedes Individuum hat das Recht unbeschadet von Schäden zu bleiben, die durch ein schlecht funktionierendes medizinisches System oder Fehler entstehen und hat das Recht auf den Zugang zu Gesundheitsdiensten und Behandlungen, die einen hohen Qualitätsstandard garantieren (9 – Recht auf Sicherheit)." [13]

Die UN-Kinderrechtskonvention besagt klar und deutlich:

„Eltern … tragen die Hauptverantwortung für die Erziehung und Entwicklung ihres Kindes, dessen Wohl sie ihr Augenmerk schenken." [14]

Die Internationale Zusatzvereinbarung über zivile und politische Rechte besagt, dass

„jeder das Recht auf freie Meinung, Gewissen und Religionsausübung hat. Dieses Recht beinhaltet … Freiheit … seine Religion oder seine Weltanschauung durch Gottesdienst, Beachtung, Ausübung und Unterricht zu manifestieren." [15]

Der Nürnberger Kodex besagt: „Die freiwillige Zustimmung des Menschen ist absolut unumgänglich." [16]

Unerwünschte Nebenwirkungen (ADR) und Nebenwirkungen durch Impfungen (VAERS) sind die fünfthäufigste Todesursache in der EU [17], doch die Zahl könnte deutlich höher sein, da diese Vorkommnisse meist nicht gemeldet werden – laut einer Studie (Under-reporting of adverse drug reactions) aus 2006. [18]

Fußnoten

[1] http://www.europarl.europa.eu/charter/pdf/text_en.pdf, Artikel 3, page 9

[2] Zahlen basierend auf http://en.wikipedia.org/wiki/List_ of_European_countries_by_population und http://www. eurosurveillance.org/images/dynamic/EE/V17N22/DAn-cona_tab1.jpg

[3] Bruesewitz v. Wyeth LLC, 131 S. Ct. 1068, 179 L.Ed.2d 1 (2011), http://www.supremecourt.gov/opinions/10pdf/09-152. pdf

[4] Calculated using http://en.wikipedia.org/wiki/List_of_ European_countries_by_population und http://www.eu-rosurveillance.org/images/dynamic/EE/V17N22/DAn-cona_tab1.jpg

[5] http://www.eurosurveillance.org/images/dynamic/EE/ V17N22/DAncona_tab1.jpg

[6] http://www.europarl.europa.eu/charter/pdf/text_en.pdf, Artikel 3, Seite 9

[7] http://www.europarl.europa.eu/charter/pdf/text_en.pdf, Artikel 3, Seite 9

[8] http://www.europarl.europa.eu/charter/pdf/text_en.pdf, Artikel 3, Seite 9.

[9] http://conventions.coe.int/Treaty/en/Treaties/Html/164. htm, Artikel 2 –Vorrang des Menschen

[10] http://conventions.coe.int/Treaty/en/Treaties/Html/164. htm, Artikel 5 – Allgemeine Regel

[11] http://ec.europa.eu/health/archive/ph_overview/co_ope-ration/mobility/docs/health_services_co108_en.pdf, Seite 5

[12] http://ec.europa.eu/health/archive/ph_overview/co_ope-ration/mobility/docs/health_services_co108_en.pdf, Seite 5

[13] http://ec.europa.eu/health/archive/ph_overview/co_ope-ration/mobility/docs/health_services_co108_en.pdf, Seite 6

[14] http://www.ohchr.org/EN/ProfessionalInterest/Pages/ CRC.aspx, Artikel 18

[15] https://treaties.un.org/doc/Publication/UNTS/Volume%20 999/volume-999-I-14668-English.pdf, Artikel 18, Seite 8.

[16] http://history.nih.gov/research/downloads/nuremberg.pdf, Kapitel 1, Seite 1

[17] Arlett, Dr. Peter, Setting the Scene: New European Union Pharmacovigilance Legislation, November 2012, Bild 6 – (http://www.ema.europa.eu/docs/en_GB/document_library/Presentation/2013/01/WC500137839.pdf) und auch http://who-umc.org/DynPage.aspx?id=105196&mn1=73 47&mn2=7489&mn3=7248&newsid=11241

[18] http://www.ncbi.nlm.nih.gov/pubmed/16689555

Menschenrechte –
Entwicklung hin zu Mitgefühl und Miteinander

Als Menschenrechte werden moralisch begründete Freiheits-
und Autonomieansprüche bezeichnet, die jedem Menschen zustehen sollen. Sie werden durch Verweise auf die menschliche
Natur begründet, sollen für alle gleich sein und allen Menschen
überall zustehen, gelten universell, sind unveräußerlich und un-
teilbar.[202] Das Recht auf Menschenwürde, freie Meinungsäuße-
rung und das Recht auf Leben, Freiheit und Sicherheit, Schutz
der Privatsphäre, rechtsstaatliche Garantien – keine Strafe ohne
Gesetz, zählt hier zu den wichtigen Aspekten der Menschenrechte der ersten Generation. Sie müssen beim Thema Pro und
Contra Impfen und Impfzwang sowie jeder anderen medizinischen Therapie Anwendung finden. Menschenrechte sind von
Menschen nach reiflicher Überlegung erarbeitet und sollen den
Versuch darstellen, mit Gesetzen und Intellekt ein Zusammen-
leben zu gewährleisten.

„Einem Menschen seine Menschenrechte verweigern bedeutet, ihn als
Mensch zu missachten."

Nelson Mandela, ehem. Präsident von Südafrika

Doch darüber hinaus gibt es die Menschenrechte, die die Herzensqualität in den Vordergrund stellen. Nicht die Kultivierung
des Intellekts und die damit verbundenen, durch Vernunft und
freien Willen hergestellten moralisch-ethischen Vorstellungen
des Zusammenlebens sollen hier vorrangig sein, sondern eine
Dimension, die uns alle verbunden erscheinen lässt. Diese beginnt *fühlbar* zu werden, wenn Bewerten und Beurteilen im Denken überwunden werden. Bewerten teilt in polare Gegensätze:

gut und böse, richtig oder falsch, Mann und Frau, schwarz und weiß, hell und dunkel, gesund und krank. Wenn wir nicht an *einem* Teil der Polarität festhalten, sondern ihn als *einen* Ausdruck der Ganzheit, die wir *sind*, sehen, tauchen die Gefühle von Liebe, Mitgefühl und echtem Miteinander auf, die unser Herz in den Vordergrund rücken. Der Intellekt stellt sich in den Dienst des „großen Ganzen". Wir könnten uns im Strom des Lebensflusses in einer „großen Bewegung" mitbewegen, das Leben mehr zu einem „dein Wille geschehe" als „mein Wille geschehe" werden lassen.

In dieser Atmosphäre hätte Impfen keinen Platz, denn der Versuch, Krankheiten auszumerzen, wurzelt in unserer Angst vor dem Tod selbst. Gesundheit und Krankheit, zwei Seiten der selben Medaille, die sich aufeinander beziehen, sind Durchgangstore zur Liebe, der stärksten Heilkraft. Nissargadatta, ein indischer Weiser, bezeichnet Liebe als „ultimative Heilung". Somit würde jeder Wissenschaftler auch Mystiker sein, wie Albert Hofmann einmal feststellte.

In Krisen, im Leiden und im Alter taucht diese Dimension vermehrt auf. Viele kennen sie. Manchmal, plötzlich, wenn wir innehalten, beginnt sie durchzuscheinen, fast unmerklich: in den Schönheiten der Natur, der Kunst und Kultur, in Dankbarkeit und innerer Berührtheit.

Noch einmal Selbstverantwortung – Haftungsausschluss

Die Autoren und die Praxis Dr. Oskar Demmer sind der Hochschulmedizin und der evidenzbasierten Medizin verpflichtet. Sie bilden die Grundlage ärztlichen Handelns.

Jegliche Information über das Thema Impfen in diesem Buch dient nicht als Aufforderung, sich nicht impfen zu lassen, sondern stellt eine absichtslose Sammlung wissenschaftlicher Arbeiten dar, um möglichst umfangreiche Aufklärung zu diesem Thema zu ermöglichen.

Der Leser bekommt durch das Lesen der Texte zusätzliches Wissen. Die Entscheidung in Bezug auf Impfen liegt ausschließlich beim Patienten selbst.

Danksagung

Ich danke vielen in meiner Familie, Gemeinschaft und Freunden für die Unterstützung zu diesem Buch.

Meiner ersten Lebensgefährtin und Frau, Sanne, für das unermüdliche Korrigieren von Fehlern und unverständlichen Texten, ihre kritischen Anmerkungen und Hinweise zu streitbaren und bissigen Textpassagen.

Meiner zweiten Lebensgefährtin Claudia für ihre Layouts und das unermüdliche Umändern und Verbessern dieser und ihre kritischen Anmerkungen.

Meinen Kindern, Florian, Stephan und Sophia, die ungeimpft und gesund das beste Beispiel für ein Leben ohne Impfung sind, für ihre kritischen Anmerkungen, ihr Feedback und ihr Interesse an einem Leben in Gesundheit, Lebensfreude und Entspanntheit.

Der Tochter von Sanne, Marie, die vor Energie strotzt, ungeimpft und gesund ist, ihren Eltern, die sich trotz Widerständen einem Weg ohne Impfungen verschrieben haben.

Meiner Lektorin, Frau Mag. Doris Skamperls, für ihr wertvolles Lektorat, ihre hilfreichen Anmerkungen und Feedback.

Frau Mag. Claudia Millwisch, die in unermüdlicher Kleinarbeit und Recherchearbeit maßgeblich zu diesem Buch beigetragen und das Buch mit wertvollen Beiträgen erweitert hat.

Meinem Kollegen und Freund, Dr. Klaus Bielau, für seine Anmerkungen und hilfreichen Hinweise, sein unermüdliches Eintreten für das, was gerade zu tun ist und seine Pointers zur Wahrheit des All-Einen.

Meinen Kollegen des Ärztezirkels für ihre aufmunternden Zusprüche in Zeiten des Zweifels.

Meinen Patienten für ihre Treue und ihr Vertrauen, die mir gezeigt haben, dass viele lebendes Beispiel sind für ein Leben ohne Chemie.

Freunden, Weggefährten und vielen anderen für ihr Interesse am Thema und die vielen Gespräche, die bewusst oder ganz unbewusst Hilfe beim Schreiben der Texte waren.

Quellenverzeichnis

1 Klaus Fischer, Galileo Galilei, 2015, W. Kohlhammer Verlag, 70565 Stuttgart, ISBN: 9783170239555

2 Dr. Stefan Lanka, go VIRUS go, 2017 in Wissenschaftplus, LK-Verlags UG, 14542 Werder, ISSN: 1861-5856

3 https://www.youtube.com/watch?v=__X0c2nTOA0, Dr. Hans Loibner, Mythos Ansteckung 2014, Michaels Verlag, 86971 Peiting, ISBN-13: 978-3895393853 Claus Köhnlein, Torsten Engelbrecht, Virus Wahn (2010), emu-Verlag, 56112 Lahnstein, ISBN: 978-3-89189-147-6

4 Welt.de vom 10. 5. 2019, aerzteblatt.de vom 10. 5. 2019, fb Oliver Janich

5 G. Guyatt, J. Cairns, D. Churchill, u. a. („Evidence-based Medicine Working Group"): Evidence-based Medicine. A New Approach to Teaching the Practice of Medicine. In: Journal of the American Medical Association

6 Diepresse.com, 27. 5. 2014, „Fiebersenkung nützt dem Kranken nichts"

7 Feder und Hofmann, 1999

8 Diepresse.com, 27. 5. 2014, „Fiebersenkung nützt dem Kranken nichts", in experimentellen Studien zeigt sich der negative Effekt von Fiebersenkung

9 www.ersj.org.uk

10 Parsifal Studie

11 Avon Longitudinal Study of Parents and Children

12 Science.orf.at, 22. 1. 2014, „Fiebersenker verstärken Grippewellen" Studie: „Population-level effects of suppressing fever", Davis Earn et al., publiziert am 7. 3. 2014 in Proceedings B der britischen Royal Society

13 www.heike-dahl.de, „Wahrheiten über Fieber und Fiebern lassen", Artikel aktualisiert 1. 6. 2016

14 Wahrheit über Fieber und Fiebern lassen, Heike Dahl

15 Der Standard, 13. 6. 2008, Krank durch Medizin

16 www.ncbi.nlm.nih.gov/pmc/articles/PMC3760006/:
Bactericidal Antibiotics Induce Mitochondrial Dysfunction
and Oxidative Damage in mammalian Cells, Science
Translational Medicine, Sameer Kalghatgi et al., Boston
University, 3. 7. 2013 Xu Wang et al., 2015

17 Lancet, 1985

18 Newhouse M: A case control study of carcinoma of the
ovary. Br. J. Prevention Soc. Med. 1977, 31

19 Medical Hypotheses, 1998, https://www.ncbi.nlm.nih.gov/
pubmed/9824838, Med Hypotheses. 1998 Oct;51(4):315-
20. Febrile infectious childhood diseases in the histo-
ry of cancer patients and matched controls. Albonico HU[1],
Bräker HU, Hüsler J.

20 Schweizer Medizinische Wochenschrift, 1990, J. Kesselring,
https://www.ncbi.nlm.nih.gov/pubmed/2203139

21 Studie Dänemark

22 Chakravati V., Annals of Tropical Paediatrics, 1986, 6: 293–294

23 Original Articles: Measles induced remission of psoriasis, V.S. Chakravarti & S. Lingam, Annals of Tropical
Paediatrics, Vol. 6, 1986

24 L. K. Williams u. a.: Timing and intensity of early fevers
and the development of allergies and asthma. In: J Allergy
Clin Immunol. 116 (1), Juli 2005

25 R. Beasley u. a.: Association between paracetamol use in
infancy and childhood, and risk of asthma, rhinoconjuncti-
vitis, and eczema in children aged 6-7 years: analysis from
Phase Three of the ISAAC programme. In: Lancet. 372
(9643), 20. September 2008

26 J. S. Alm: Atopy in children of families with an anthropo-
sophic lifestyle. In: Lancet. 353 (9163), 1. Mai 1999

27 S. Dalal, D. S. Zhukovsky: Pathophysiology and
Management of Fever. In: The Journal of Supportive
Oncology. 4, 2006

28 Vorlage Kritische Analyse der Impfproblematik, Anita
Petek-Dimmer, S. 208

29 Vorlage Roman Bystrianyk, 31. 7. 2015, Essays, Science, US Essays, Science, US, Roman Bystrianyk, 31. 7. 2015, www. scribd.com, Suzanne Humphries MD, Roman Bystrianyk – Dissolving illusions _ disease, vaccines and the forgotten history-CreateSpace Independent Publishing Platform (2015).pdf, Uploaded by aguia1771345

30 Essays, Science, US, Roman Bystrianyk, 31. 7. 2015, www. scribd.com, Suzanne Humphries MD, Roman Bystrianyk – Dissolving illusions _ disease, vaccines and the forgotten history-CreateSpace Independent Publishing Platform (2015).pdf, Uploaded by aguia1771345

31 Vorlage Kritische Analyse der Impfproblematik, Anita Petek-Dimmer

32 Vorlage Kritische Analyse der Impfproblematik, Anita Petek-Dimmer

33 J. Y. Simpson: On a new anaesthetic agent, more efficient than sulphuric ether. In: Lancet. Band 2, (20. November) 1847, Albert Faulconer, Thomas Edward Keys: Chloroform. In: Foundations of Anesthesiology. 2 Bände, Charles C Thomas, Springfield (Illinois), 1965

34 Thomas R. Dunlap: DDT: Scientists, Citizens and Public Policy. Princeton University Press, 1981

35 David Kinkela: DDT and the American century. The University of North Carolina Press, Chapel Hill, 2011

36 Christian Simon: DDT – Kulturgeschichte einer chemischen Verbindung. Christoph Merian Verlag, Basel, 1999

37 Thomas R. Dunlap: DDT: Scientists, Citizens and Public Policy. Princeton University Press, 1981

38 WHO: WHO gives indoor use of DDT a clean bill of health for controlling malaria. Pressemitteilung vom 15. September 2006

39 Forth, Henschler, Rummel: Allgemeine und spezielle Pharmakologie und Toxikologie. BI-Wiss.-Verl., 1992

40 Aus: Kritische Analyse der Impfproblematik, Anita Petek-Dimmer

41 Berger, Pocken und Impfstatistik im Handbuch der Pockenimpfung von Lenz und Gins, Berlin, 1927

42 Pocken, Die angebliche Wiedergeburt einer Krankheit, Anita Petek-Dimmer

43 Dissolving Illusions, Roman Bystrianyk & Suzanne Humphries

44 Dissolving Illusions, Roman Bystrianyk & Suzanne Humphries

45 Dissolving Illusions, Roman Bystrianyk & Suzanne Humphries

46 Krankheiten des Kindesalters, Lust/Pfaundler/Husler Urban & Schwarzenberg, München-Berlin-Wien, 1971

47 Steirische Tageszeitung, Professor der Hygiene der Uni GrazAus: Die notwendige Entflechtung der Virusbegriffe, Dr. Hans Loibner

48 Wikipedia „Virus"

49 Daily Star, 1995

50 Spiegel, 1996

51 WissenschaftPlus, Ausgabe 4/2015, S.6 ff.

52 Lanka, 2016

53 Loibner, Die notwendige Entflechtung der Virusbegriffe

54 Lanka, Viren entwirren − Medizin entwickeln, youtube.com

55 www.pantorise.net, Relativistische Genetik

56 Erbgut in Auflösung, 12. 6. 2008, Zeit Online

57 Lanka, WissenschaftsPlus, 4/2015 NZZ (Neue Zürcher Zeitung), 24. 7. 2013, Spektrum der Wissenschaft, 2012

58 Zur Frühgeschichte der Virologie, von Prof. Dr. Karlheinz Lüdtke, Max Planck Institut, 1999, Reprint, Max Planck Institut

59 Quellen für die einzelnen Stellungnahmen: www. quantisana.ch/gesundheit-neu-denken/expertenberichte/der-bundesgerichtshof-laesst-den-glauben-an-die-viren-untergehen. Seitenangaben beziehen sich auf diesen Artikel, Email-Newsletter vom 17. 1. 2017, WissenschaftPlus − Das

Magazin 2/2017, Artikel zum Download: go VIRUS go
(quantisana.ch)
WissenschaftPlus 2/2017, 4/2017, www.wissenschaftplus.de
60 www.quantisana.ch, WissenschaftPlus, Ausgabe 2/2017,
Kapitel: Der Masernvirusprozess, www.wissenschaftplus.de
61 Bundesinstitut für Infektionskrankheiten und nicht übertragbare Krankheiten, ist direkt dem Gesundheitsministerium
unterstellt, beobachtet das Auftreten von Krankheiten
und Gesundheitsgefahren, ist zur Forschung verpflichtet, führt Analysen gesundheitsbezogener Daten durch,
stellt Qualitätskriterien und Verfahrensstandards in der
Gentechnologie und der Umweltmedizin auf.
62 Ribosomen sind Zellorganellen, die in der Zelle für die
Eiweißproduktion zuständig sind. Ribosomen kommen per
definitionem in Viren nicht vor.
63 WissenschaftPlus 4/2015, Kapitel: Das Masern-Virus-
Preisausschreiben. OpenJur.de, Ansatznummer 127
64 Aus dem Interview von Stefan Lanka mit der Redakteurin
Marion Schumann aus Ent-Decke Radio auf www.you-
tube.com unter dem Thema: Viren entwirren – Medizin
entwickeln, Der Masernvirusprozess
65 Urteil des OLG Stuttgart vom 16. 2. 2016, Aktenzahl
12U63/15, siehe http://lrbw.juris.de/cgi-bin/laender_
rechtsprechung/document.py?Gericht=bw&Gericht-
Auswahl=Oberlandesgerichte&Art=en&sid=46bf3d-
b2df690aba6e4874acafaf45b6&nr=20705&pos=0&anz=1,
OpenJur.de, Ansatznummer 127
66 WissenschaftPlus, Ausgabe 5/2015
67 Lanka, WissenschaftPlus, Ausgabe 5/2015
68 1. Enders, J. F. & Peebles, T. C. (1954) Propagation in tissue cultures of cytopathogenic agents from patients with
measles. Proceedings of the Society for Experimental
Biology and Medicine, 86(2): 277–286. www.quantisana.
ch, WissenschaftPlus Ausgabe 2/2017, www.wissenschaft-
plus.de – „Aktuelles Der Masern-Virus-Prozess", youtube.
com – Viren entwirren – Medizin entwickeln, Teil 2

69 www.quantisana.ch/gesundheit-neu-denken/ S. 12, Absatz 4

70 www.quantisana.ch/gesundheit-neu-denken/ S. 13, Absatz 1

71 www.quantisana.ch/gesundheit-neu-denken/ S. 17, Absatz 1
Fußnote 10 auf der Website www.quantisana.ch im Artikel:
Das Bundesgericht lässt den Glauben an die Viren unter-
gehen – go Virus go: Dr. Stefan Lanka: „Wir bereiten gerade die Versuche vor, mit denen praktisch bewiesen werden wird, dass die vom Robert Koch-Institut (RKI) zur
Zeit verwendeten Maser-Virus-Testverfahren so eingestellt sind, dass nicht nur kranke Menschen, sondern auch
gesunde Menschen Masern-Virus positiv getestet werden.
Entweder alle zu 20 % positiv (ohne Masern-Epidemie)
oder zu 80 % positiv (bei einer durch das RKI behaupteten
Masernepidemie)."

72 Prof. Harald Walach, 2019

73 Prof. Harald Walach, 2019

74 www.quantisana.ch, Dr. Lanka beschreibt den von ihm ge-
führten Masern-Virus-Prozess, S. 11, Absatz 6

75 www.quantisana.ch, Dr. Lanka beschreibt den von ihm ge-
führten Masern-Virus-Prozess, S. 12, Absatz 2

76 www.quantisana.ch, Artikel go Virus go, S.23, Absatz 2,
OpenJur.de, Ansatznummer 39

77 www.quantisana.ch, Dr. Stefan Lanka, Artikel S. 18, Absatz
2; Openjur.de Ansatznummer 39

78 www.quantisana.ch, Dr. Stefan Lanka, Artikel S. 18, Absatz 2

79 Casadevall A, Pirofski LA, Microbiology: Ditch the term
pathogen (2014), Nature. 2014 Dec 11;516 (7530):165–6.
doi: 10.1038/516165a, https://www.ncbi.nlm.nih.gov/pub-
med/25503219

80 Kienesberger, Sabine et al., Gastric Helicobacter pylori
Infection Affects Local and Distant Microbial Populations
and Host Responses. In: Cell Reports. 14. 6. 2016

81 Science.orf.at

82 Bacterial Antibiotics Induce Mitochondrial Dysfunction
and Oxidative Damage in Mammalian Cells, Science
Translational Medicine, Sammer Kalghatgi et al., 3. 7. 2013

83 Antibiotics use and abuse: A threat to mitochondria and chloroplasts with impact on research, health and environment, Xu Wang et al., 8. 9. 2015, doi.org/10.1002/bies. 201500071

84 Zitat aus dem Film The Age of Aluminium, by Bert Ehgartner Safety of aluminium from dietary intake – Scientific Opinion of the Panel on Food Additives, Flavourings, Processing Aids and Food Contact Materials (AFC) In: The EFSA Journal. PDF

85 *Aluminium in Impfstoffen* (arznei-telegramm.de [vom 6. Oktober 2018])

86 The Age of Aluminium, by Bert Ehgartner

87 H. J. Gitelman: Physiology of Aluminum in Man. In: Aluminum and Health. CRC Press, 1988, ISBN: 0-8247-8026-4

88 Aus einem Interview mit Bert Ehgartner: Aluminium – das schmutzige, kleine Geheimnis der Impfstoffhersteller, 2013, Ausschnitt aus dem Drehmaterial zum Dokumentarfilm „Wir impfen nicht", www.wir-impfen-nicht.eu

89 Wikipedia

90 Lanka, www.impfen-nein-danke.de

91 Lanka

92 Nanopartikel: niedliche, kleine Killer, von Vlad Georgescu am 19. 8. 2009

93 http://medcraveonline.com/IJVV/IJVV-04-00072.pdf, Volume 4 Issue 1 – 2017, Autor: Dr. Antonietta Gatti und Stefano Montanari, Published: January 23, 2017, siehe auch Impfkritik. de vom 7. 2. 2017, GreenMedInfo vom 2. 2. 2017, veröffentlicht auch im Children's Medical Safety Research Institute

94 New Quality-Control Investigations on Vaccines: Micro- and Nancontamination, MedCrace, vom 23. 1. 2017

95 aerzteblatt.de vom 6. 6. 2019

96 Impfen-nein-danke.de

97 https://www.ralf-kollinger.de/wp/wp-content/uploads/2014/01/AIDS-M%c3%a4rchen-und-R%c3%a4tsel-%c3%bcber-AIDS-und-HIV.pdf, https://www.ncbi.nlm.nih.gov/pubmed/7908356

98 Salzburger Nachrichten, 26. 9. 2019, T-Helferzellen können ihren Charakter ändern, Quelle: https://www.sn.at/le-
ben/gesundheit/t-helferzellen-koennen-ihren-charakter-
aendern-3726499, Buch: Virus-Wahn, http://www.torste-
nengelbrecht.com/artikel_medien/4_aids_low.pdf
1) E. Papadopoulos-Eleopulos: Reappraisal of AIDS –
Is the oxidation induced by the risk factors the primary
cause? Medical Hypotheses 1988; 25: 151–162
2) E. Papadopoulos- Eleopulos et al.: Response to Robin
Weiss und Peter Duesberg hinsichtlich des Nachweises
und der Isolation von HIV in der Zeitschrift Continuum,
Vol. 4,
No. 1 und No. 2
3) E. Papadopoulos-Eleopulos, V. F.Turner, J. M.
Papadimitriou, D. Causer: The isolation of HIV – has it
really been achieved? The case against. Continuum, 1996,
Supplement, Vol. 4, No. 3
4) E. Papadopoulos-Eleopulos, V. F. Turner, J. M.
Papadimitriou, D. Causer, H. Alphonso, T. Miller: A critical analysis of the pharmacology of AZT and its use in
AIDS. Current Medical Research and Opinion, 1999; 15,
Suppl. 1: 1–45 http://www.primitivism.com/hiv-inter-
view.htm, Interview mit E. Papadopoulo-Eleopulos, von
Christine Johnson: Does HIV exist? Current medical research and opinion, Ausgabe 3/1998, S 185–86, Annals
of Internal Medicine, 1999: Fehldiagnose von HIV-
Infektionen mittels Viruslast-Testverfahren – eine Fallserie
www.reisemed.at/impfungen/impferfolgsueberpruefung,
vom 5. 5. 2019, unter der Leitung von Herrn Univ. Prof.
Dr. Herwig Kollaritsch und Frau Univ.-Prof. Dr. Ursula
Wiedermann-Schmidt
99 Buch: Virus-Wahn, http://www.torstenengelbrecht.com/
artikel_medien/4_aids_low.pdf
100 1) E. Papadopoulos-Eleopulos: Reappraisal of AIDS –
Is the oxidation induced by the risk factors the primary
cause? Medical Hypotheses, 1988; 25: 151–162

2) E. Papadopoulos- Eleopulos et al.: Response to Robin Weiss und Peter Duesberg hinsichtlich des Nachweises und der Isolation von HIV in der Zeitschrift Continuum, Vol. 4, No. 1 und No. 2

3) E. Papadopoulos-Eleopulos, V. F.Turner, J. M. Papadimitriou, D. Causer: The isolation of HIV – has it really been achieved? The case against. Continuum, 1996, Supplement, Vol. 4, No. 3

4) E. Papadopoulos-Eleopulos, V. F.Turner, J. M. Papadimitriou, D. Causer, H. Alphonso, T. Miller: A critical analysis of the pharmacology of AZT and its use in AIDS. Current Medical Research and Opinion, 1999; 15, Suppl. 1: 1–45

101 http://www.primitivism.com/hiv-interview.htm, Interview mit E. Papadopoulo-Eleopulos, von Christine Johnson: Does HIV exist?

102 Current medical research and opinion, Ausgabe 3/1998, S. 185–86, Annals of Internal Medicine, 1999: Fehldiagnose von HIV-Infektionen mittels Viruslast-Testverfahren – eine Fallserie

103 www.reisemed.at/impfungen/impferfolgsueberpruefung, vom 5. 5. 2019, unter der Leitung von Herrn Univ. Prof. Dr. Herwig Kollaritsch und Frau Univ.-Prof. Dr. Ursula Wiedermann-Schmidt

104 Claus Köhnlein, Viruswahn, 2010, emu-Verlag, Lahnstein, ISBN: 978-3-89189-147-6

105 https://www.oatext.com/pdf/JTS-3-186.pdf (Journal of Translational Science) https://connectiv.events/und-es-ist-doch-so-ungeimpfte-kinder-sind-gesuender/ http://www.cmsri.org/wp-content/uploads/2017/05/MawsonStudyHealthOutcomes5.8.2017.pdf, http://info.cmsri.org/the-driven-researcher-blog/vaccinated-vs.-un-vaccinated-guess-who-is-sicker, http://www.naturalnews.com/2017-05-17-report-unvaccinated-children-have-significantly-fewer-health-problems.html

106 https://edoc.rki.de/bitstream/hand-
le/176904/400/27IUHg787CHM6.pdf?sequen-
ce=1&isAllowed=y

107 https://edoc.rki.de/bitstream/hand-
le/176904/1057/29X0drea2iA.pdf?sequence=1&isAllo-
wed=y

108 https://www.epochtimes.de/gesundheit/robert-koch-in-
stitut-kiggs-studie-a1302417.html

109 https://www.youtube.com/watch?v=3r-cByG2kQw –
Vortrag von Angelika Müller zu „Rechentricks" in der
Statistik

110 Trial of BCG vaccines in South India for tuberculosis prevention: first report, Bulletin of the WHO, 1979

111 Kritische Analyse der Impfproblematik, Anita Petek-
Dimmer, Band 2, S. 244

112 Buchwald, Der Rückgang der Schwindsucht trotz
Schutzimpfung, Hirthammer Verlag, 2002

113 https://www.ris.bka.gv.at/Dokumente/Justiz/JJT_19970710_
OGH0002_0020OB00197_97B0000_000/JJT_19970710_
OGH0002_0020OB00197_97B0000_000.html

114 Die Homöopathin will hier nicht namentlich genannt
werden.

115 Angaben nach Frau Dr. Loreen Granpeesheh, Gründerin
des Zentrums für Autismus und verwandte Erkrankungen
in den USA

116 J. B Handley, How to end the Autism Epidemic, 2018,
Chelsea Green Publishing, ISBN-13: 978-1603588249
DVD, Vaxxed 1

117 DVD, Vaxxed 1

118 Dr. Andrew Zimmermann, führender Neurologe in
den USA, aus dem Buch: J. B Handley, How to end the
Autism Epidemic, 2018, Chelsea Green Publishing, ISBN-
13: 978-1603588249

119 www.childrenshealthdefense.org/news/real-life-data-
show-that-the-cdc-vaccine-schedule-is-causing-harm/
Journal of Children's Health Defense, 19. 3. 2019

120 www.wweek.com/news/2019/03/20/pediatrician-paul-thomas-has-15000-patients-and-he-tells-them-the-measles-vaccine-might-cause-autism/
121 https://www.zentrum-der-gesundheit.de/mehrfachimpfungen-verursachen-impfschaeden.html
122 www.impfkritik.de
123 healingoracle.ch/2018/08/08/anti-vaccine-japan-highest-life-expectancy
124 www.SaneVax.org, The First HPV Vaccine Information Clearinghouse
125 Sanevax, Incorp, 2019
126 Der Standard, 27. 9. 2005
127 Arznei-telegramm, 2003
128 https://www.rki.de/Token
129 Bert Ehgartner, 2011, ehgartner.blogspot.com, Token-Studie
130 https://www.impf-report.de/ifg-anfragen/003
131 B. Zinka et al.: Unexplained cases of sudden infant death shortly after hexavalent vaccination, 2006
132 W. Maurer, Death following hexavalent vaccination, 2005
133 Aventis, 2000
134 by Dr. Sherri Tenpenny, originally posted at Vaxxter. com, www.corvelva.it, Corvelva ist die italienische Gruppe, die für Vaccinegate verantwortlich ist. Hat Impfstoffe untersuchen lassen. Ergebnis: kein Antikörper, dafür 65 Giftstoffe in der Impfung enthalten. Siehe vaccinegate-https://www.corvelva.it/de/speciale-corvelva/vaccinegate.html
135 Marc Girard, Experte für Arzneimittelsicherheit, 2013
136 DVD: Vaxxed – Geimpft, Autismus und Masernimpfung
137 Zuck, 2011, Verfassungsrechtler
138 DVD: Vaxxed – Geimpft, Autismus und Masernimpfung
139 „Die Menschen sind zu befähigen, dass sie die Verantwortung für ihre eigene Gesundheit übernehmen können." – WHO, 1988
140 Der Tagesspiegel, 12. 10. 2000

141 Taz.de

142 ADRED-Studie, 2016, veröffentlicht im Deutschen Ärzteblatt, 2018, Unerwünschte Arzneimittelwirkungen (UAW) in der Krankenhausnotaufnahme, Prävalenz von UAW-Verdachtsfällen in vier Notaufnahmezentren in Deutschland, Adverse drug reactions (ADR) and emergencies—the prevalence of suspected ADR in four emergency departments in Germany, Dtsch. Ärztebl. Int. 2018; 115 (15): 251–8; DOI: 10.3238/arztebl.2018.0251

143 Golder, 2016, Joelving 2017, DVD Vaxxed

144 Youtube.com, Lanka, 2017, Viren entwirren – Medizin entwickeln

145 Lieu, 2000, Hirte, 2012

146 https://www.youtube.com/watch?v=s2IujhTdCLE Childrenshealthdefense.org

147 www.who.int>Newsroom>Events>Detail

148 Die Immunogenität, auch Immunogenizität genannt, ist die Eigenschaft eines Stoffes, im tierischen oder menschlichen Körper eine als Immunantwort bezeichnete Reaktion des Immunsystems auszulösen. Quelle: https://de.wikipedia.org/wiki/Immunogenitaet

149 https://connectiv.events/us-regierung-verliert-richtungs-weisenden-rechtsstreit-ueber-zwangsimpfungen-zwangs-impfungen-koennen-jetzt-legal-gestoppt-werden-32-jah-re-lang-keine-qualitaetskontrolle/, https://childrens-healthdefense.org/wp-content/uploads/rfk-complaint-against-united-states-department-of-health-and-human-services.pdf

150 https://www.npr.org/2018/11/01/662812333/groundskee-per-accepts-reduced-78-million-in-monsanto-cancer-suit

151 www.corvelva.it. Corvelva ist die italienische Gruppe, die für Vaccinegate verantwortlich ist. Hat Impfstoffe unter-suchen lassen. Siehe vaccinegate-https://www.corvelva.it/de/speciale-corvelva/vaccinegate.html

152 Corvelva Papers, 1. 12. 2019, file:///C:/Users/odemm/AppData/Local/Microsoft/Windows/INetCache/

Content.Outlook/A76ZNI4F/CORVELVA-Papers-1-2019-DE%20-Plotkin%20(002).pdf

153 The Global Corruption Report (GCR) is one of Transparency International's flagship publications, www. transperancy.org., Global Corruption 2016, Virus-Wahn, Köhnlein, Engelbrecht, S. 8, emu-Verlag, 2009

154 Hirte, 2012

155 DVD Vaxxed – Geimpft

156 Spiegel Online, vom 19. 1. 2019, WHO erklärt Impfgegner zur globalen Bedrohung

157 Alexander, 2014

158 Wulf, 2003, Hirte, Impfen – Pro und Contra, S. 31

159 Elisabeth Mahase, Vaccine hesitancy: an interview with Stanley Plotkin, rubella vaccine developer. BMJ 2019;367I6926 doi: 10.1136/bmj.I6926 (Published 23 December 2019)., https://www.bmj.com/content/367/bmj.l6926/rr-9

160 https://www.youtube.com/watch?v=DFTsd042M3o, Stanley Plotkin, Vaccines Deposition, under oath, 9 hour full video

161 Ivan Illich, Die Nemesis der Medizin, 1976

162 Krimsky, 2003

163 Rodenstock, Soziologie

164 Dr. Martin Hirte, Impfen – Pro und Contra

165 Dr. Lanka, 2017

166 Global Corruption Report, 2006

167 DVD Vaxxed

168 Hirte, 2012

169 Koskiniemi, 1997, Iro, 2017

170 Saeed, 2016, Bahrain

171 Global Corruption Report 2006, Rasmussen, 2015, Ahn, 2015, Hakoum, 2017

172 AP 1999, Hirte 2012

173 Smith, 2005

174 Schott, 2010

175 Grant, 2016

176 Hirte, Impfen – Pro und Contra, 2012, Knaur Menssana Verlag, S. 46

177 Inbar, 2016

178 Youtube.com: Viren Entwirren – Medizin entwickeln, Teil 2, Interview mit Lanka, Law 1999

179 Verlorengegangene Ethik? Betrug und Fälschung in der Wissenschaft, Marcel Bohnert, S. 5 ff.

180 Tödliche Medizin und organisierte Kriminalität, Gotzsche

181 Möglicherweise von der Nazi-Propaganda Sir Winston Churchill zugeschriebenes Zitat, um ihn als Lügner und Fälscher darzustellen.

182 Loibner, 2013

183 Wikipedia, Louis Lewin

184 Loibner

185 Lanka

186 Lanka, Hamer

187 Petek-Dimmer

188 Vera Birkenbiehl, youtube.com, „Null Ahnung", Rolf Fröböse, Die Quantenphysik der Unsterblichkeit

189 International Journal of Epidemiology, Okt 1992, Epidemiology of SSPE in England and Wales in 1970–89

190 Incidence of Subacute Sclerosing Panencephalitis Following Measles and Measles Vaccination in Japan, Int. Journal of Epidemiology, Sept 1989

191 Rki.de, oberste Gesundheitsbehörde in Deutschland

192 Rki.de, oberste Gesundheitsbehörde in Deutschland

193 Rki.de

194 Rki.de

195 Süddeutsche Zeitung vom 17. 5. 2010

196 Witsenburg et al., Sonderheft Impfen, 1999, Kinderärztliche Praxis, Website nicht mehr auffindbar

197 Lancet, 1986, Impact of vitamin A supplementation on childhood mortality. A randomised controlled community trial.

198 Spektrum und Stellenwert von Gesundheitsstörungen für nicht Geimpfte während und nach einem längeren Aufenthalt in einem Entwicklungsland, 1997. Dr. Friedrich Graf – Nicht Impfen – was dann?

199 Youtube.com, Vitamin D – Hype or Hope, Vortrag von Prof Dr. Jörg Spitz. Vitamin D – das Sonnenhormon, von Prof. Dr. Jörg Spitz, Vitamin und metastasierendes Mamma-Ca, Goodwis P et al., American Society of Clinical Oncology, May 2008. Vitamin D reduziert das Karzinom-Risiko, Lippe et al., 2007

200 Aerzteblatt.de, 26. 9. 2012

201 www.wma.net – Website des Weltärztebundes

202 Wikipedia.org, „Menschenrechte"

Bildquellennachweis:
Seite 32: Oskar Demmer
Seite 74, 75, 77: www.istock.com
Seite 77 (unten): Photo by Specna Arms on Unsplash
Seite 157: Sanevax.org
Seite 65, 67, 68, 69, 70: Roman Bystrianik
Seite 55: Vorlage Kritische Analyse der Impfproblematik, Anita Petek-Dimmer, S. 208
Seite 56: Vorlage Roman Bystrianyk, 31.7.2015, Essays, Science, US; www.scribd.com
Seite 57, 58: Vorlage Kritische Analyse der Impfproblematik, Anita Petek-Dimmer
Seite 61: Aus „Kritische Analyse der Impfproblematik", Anita Petek-Dimmer
Seite 63: aus UNICEF Evaluation Publication, Nr 6, 8/1990
Seite 90: Lanka, WissenschaftPLus 5/2015
Seite 138: Angelika Müller, www.efi-online.de, 2016
Seite 154: www.childrenshealthdefense.org/news/real-life-data-show-that-the-cdc-vaccine-schedule-is-causing-harm/
Seite 158: Sanevax, Incorp, 2019
Seite 177: Claudia Schneeweis-Haas
Seite 199: www.rki.de
Seite 200: www.rki.de

HERZ FÜR AUTOREN A HEART FOR AUTHORS À L'ÉCOUTE DES AUTEURS MIA KAPΔIA ΓIA ΣYΓΓ
FÖR FÖRFATTARE UN CORAZÓN POR LOS AUTORES YAZARLARIMIZA GÖNÜL VERELIM SZ
PER AUTORI ET HJERTE FOR FORFATTERE EEN HART VOOR SCHRIJVERS TEMOS OS AUTC
SINKÉRT SERCE DLA AUTORÓW EIN HERZ FÜR AUTOREN A HEART FOR AUTHORS À L'ÉCOU
BCEЙ ДУШОЙ К АВТОРАМ ETT HJÄRTA FÖR FÖRFATTARE Á LA ESCUCHA DE LOS AUTO
MIA KAPΔIA ΓIA ΣYΓΓPAΦEIΣ UN CUORE PER AUTORI ET HJERTE FOR FORFATTERE EEN
ARIMIZA GÖNÜL VERELIM SERCE DLA AUTORÓW EIN HERZ FÜ
SCHRIJVERS AUTO ЕЙ ДУШОЙ К АВТОРАМ ETT HJÄRTA FÖ

Die Autoren

 **Dr. med. Oskar Demmer** ist Arzt für
Allgemeinmedizin, Psychotherapie und
Visionssuche. Gemeinsam mit Susanne
Demmer leitet er das Seminarzentrum
„Wahrnehmungsräume – Zentrum für
Initiatische Therapie" in Wien. Seit mehr als
35 Jahren ist er als Arzt tätig, mehr als 25
Jahre davon in eigener Praxis. Außerdem
beschäftigt er sich seit 15 Jahren mit ausgedehnter
Seminartätigkeit und Heilungsarbeit. Zu seinen Hobbys zäh-
len Wassersport, Rudern, Bergsteigen sowie Martial Arts.
Bisher hat er die Bücher „Systemisches Familienstellen und
Symptomaufstellungen" und „Der elektromagnetische
Bluttest" veröffentlicht.

Claudia Millwisch, Mag., SV, geboren 1950 in Wien, jetzt
wohnhaft im Weinviertel, Mutter von drei Kindern, Ehefrau
des Autors Pierre Emme, blickt auf ein abwechslungsrei-
ches Leben als Übersetzerin, Dolmetsch, Sprachtrainerin,
Kursveranstalterin; Rutengängerin zurück. Mit dem Thema
Impfen beschäftigt sie sich – anlassbedingt – seit über 30
Jahren; erst in einer Selbsthilfegruppe von drei Müttern,
dann als Mitglied des Vereins AEGIS, der sie dann als österreichische Vertreterin zum EUROPEAN FORUM FOR VACCINE
VIGILANCE entsandte, dessen Co-Vorsitzende sie letztendlich
von 2012 bis 2018 wurde.

novum VERLAG FÜR NEUAUTOREN

Der Verlag

*Wer aufhört
besser zu werden,
hat aufgehört
gut zu sein!*

Basierend auf diesem Motto ist es dem novum Verlag
ein Anliegen neue Manuskripte aufzuspüren, zu veröffentlichen und deren Autoren langfristig zu fördern. Mittlerweile gilt der 1997 gegründete und mehr-
fach prämierte Verlag als Spezialist für Neuautoren in
Deutschland, Österreich und der Schweiz.

**Für jedes neue Manuskript wird innerhalb we-
niger Wochen eine kostenfreie, unverbindliche
Lektorats-Prüfung erstellt.**

Weitere Informationen zum Verlag und
seinen Büchern finden Sie im Internet unter:

www.novumverlag.com